LE PROCESSUS INTERPRETATIF
Introduction à la sémiotique de Ch.S. PEIRCE

PHILOSOPHIE ET LANGAGE

Nicole EVERAERT-DESMEDT

le processus interprétatif

Introduction à la sémiotique de Ch.S. PEIRCE

MARDAGA

© 1990, Pierre Mardaga, éditeur
Rue Saint-Vincent 12 - 4020 Liège
D. 1990-0024-8

Remerciements

Je remercie Christiane et Georges Maurand : ils m'ont donné, dans les colloques de sémiotique qu'ils organisent à Albi, l'occasion d'exposer, devant un public autre que celui de mes étudiants, les théories peirciennes.

Merci aussi à mon mari, Guy Everaert : j'ai trouvé auprès de lui un total partage de la passion et des préoccupations de la recherche,... ainsi que des tâches ménagères !

Charles Sanders Peirce :
Notice biographique

Charles Sanders Peirce est né à Cambridge, Massachusetts, en 1839. Son père était un mathématicien renommé, professeur à l'Université Harvard. Charles reçut une solide formation en sciences expérimentales, mathématiques, logique et philosophie.

Gradué de Harvard en 1859, il entra au Geodetic Survey où il travailla pendant trente ans. Pour le Survey, il écrivit de nombreux articles scientifiques, dont une partie furent repris en 1878 sous le titre *Photometric Researches*, le seul livre publié de son vivant, et qui lui valut une reconnaissance internationale parmi les astrophysiciens.

Il publia également d'importants articles sur la logique des relations, la philosophie de la science et le pragmatisme.

Il fut pendant cinq ans (1879-1884) lecteur en logique à la Johns Hopkins University de Baltimore, et, par périodes (1864-1865, 1866-1867, 1903-1905), chargé de conférences en philosophie des sciences à Harvard. Il n'a cependant jamais obtenu de poste permanent en tant que professeur universitaire, malgré ses demandes successives de 1868 à 1895.

En 1887, à l'âge de 48 ans, il se retira à Milford, en Pennsylvanie, où il vécut pauvrement, écrivant des comptes rendus d'ouvrages scientifiques et philosophiques, et collaborant au *Dictionary of Philosophy and Psychology* de Baldwin (1901-1902).

Entre 1903 et 1911, il entretint avec Lady Welby une correspondance suivie, importante pour l'élaboration de sa théorie sémiotique.

Il est mort en 1914, «frustré, isolé, travaillant encore à sa logique, sans éditeur, avec quelques rares disciples, inconnu du grand public» (P. Weiss, 1934, p. 403).

Après sa mort, ses nombreux manuscrits furent vendus par sa femme à l'Université Harvard; une partie seulement ont été publiés depuis, principalement dans les *Collected Papers* et les *Elements of Mathematics*[1].

NOTE

[1] Pour d'autres données biographiques, on consultera P. WEISS, *Charles Sanders Peirce*, in *Dictionary of American Biography*, vol. XIV, New York, Scribers, 1934.

Introduction

Ch.S. Peirce (1839-1914) était mathématicien, logicien, philologue, physicien, chimiste, astronome, philosophe... Il était aussi, fondamentalement, sémioticien :

> (...) il n'a plus été en mon pouvoir d'étudier quoi que ce fût — mathématique, morale, métaphysique, gravitation, thermodynamique, optique, chimie, anatomie comparée, astronomie, psychologie, phonétique, économie, histoire des sciences, whist, hommes et femmes, vin, métrologie —, si ce n'est comme étude de sémiotique (Ch.S. Peirce, traduit par G. Deledalle, 1978, p. 56).

La théorie sémiotique qu'il a élaborée est, de fait, suffisamment générale pour rendre compte de tous les phénomènes culturels.

La pensée de Peirce n'est pas d'un abord aisé. Ses écrits ont été recueillis après sa mort et publiés en huit volumes, sous le titre *Collected Papers*[1]. Ces volumes sont constitués de fragments que les éditeurs ont regroupés par thèmes. Or, au fil de ses recherches, Peirce a modifié ses conceptions et introduit certaines variations terminologiques. La juxtaposition maladroite de fragments écrits à des époques différentes produit donc une impression d'incohérence et pose de nombreux problèmes d'interprétation.

Toutefois la tâche du lecteur en langue française est actuellement facilitée grâce aux traductions et aux commentaires exégétiques de G. Deledalle (1978) et de J. Chenu (1984). G. Deledalle a traduit des textes écrits après 1885, dans lesquels Peirce élabore sa théorie sémiotique. J. Chenu montre comment la théorie sémiotique de Peirce était en formation dans ses écrits philosophiques antérieurs.

Notre exposé prend appui principalement sur ces deux ouvrages[2]. Nous n'avons consulté les *Collected Papers* que lorsque nous avons éprouvé le besoin d'un éclaircissement. Notre souci n'est pas historico-critique. Nous ne prétendons nullement présenter la pensée de Peirce dans sa totalité! Notre intention est d'indiquer les lignes de force que nous avons perçues dans sa réflexion sémiotique et les perspectives que cette réflexion nous a ouvertes.

Dans un premier chapitre, nous situerons Ch.S. Peirce par rapport à divers courants de recherches sémiotiques.

Nous présenterons ensuite (chap. 2) la conception philosophique qui sert d'ancrage à la sémiotique peircienne.

Enfin, nous développerons de façon systématique la théorie sémiotique de Peirce (chap. 3). Nous entendons par «théorie sémiotique» un ensemble organisé de concepts permettant de décrire le mécanisme de production de la signification dans un objet culturel quelconque. Pour nous, toute théorie sémiotique est étroitement liée à la pratique de l'analyse. Notre exposé théorique mettra donc en évidence un réseau de concepts dont nous avons déjà éprouvé l'efficacité dans des analyses concrètes, quitte à laisser ici dans l'ombre des questions qui mériteraient sans doute ailleurs un long débat. Notre ouvrage se veut une introduction à la technique sémiotique, et non pas une dissertation philosophique.

Nous terminerons (chap. 4) en exploitant le cadre théorique pour poser la question des rapports entre le «symbolisme», le «réel» et l'«imaginaire» au cours d'une expérience artistique.

NOTES

[1] *Collected Papers of Charles Sanders Peirce*, volumes 1 à 6 édités par Ch. Hartshorne et P. Weiss, Harvard University Press, 1931-1935; volumes 7 et 8 édités par A.W. Burks, Harvard University Press, 1958.
[2] Pour les citations de Peirce, nous indiquerons, comme il est d'usage, le numéro du volume et du paragraphe dans les *Collected Papers* (par ex. vol. III, § 419 = C.P. 3.419); nous ajouterons l'indication de la page correspondante dans la traduction française de G. Deledalle (D) ou de J. Chenu (Ch.); lorsque cette dernière indication n'est pas donnée, il s'agit d'un fragment non sélectionné par G. Deledalle dans les *Écrits sur le signe*, ni par J. Chenu dans les *Textes anticartésiens*.

Chapitre 1
Panorama des recherches sémiotiques

La seconde moitié du XIXe siècle voit naître trois penseurs dont l'influence va marquer profondément les sciences qui mettent la signification au centre de leur problématique : Ferdinand de Saussure, Gottlob Frege et Charles Sanders Peirce.

Il ne peut être question dans les pages qui suivent de développer les théories de Saussure et de Frege sur le signe. Nous nous proposons de mettre en évidence les hypothèses qui sont à la base de leur réflexion et de faire un inventaire rapide des courants de recherches qu'ils ont provoqués. Cela nous permettra de souligner ensuite, par comparaison, l'originalité de la sémiotique peircienne.

Pour organiser ce panorama, le plus simple est de partir du triangle sémiotique bien connu, qui articule le *signifiant*, le *signifié* et le *référent*. Ces trois concepts sont fondamentaux dans toute théorie sur le signe. Le signifiant désigne la matérialité du signe (par exemple, dans le langage, la structure phonique), le signifié exprime le concept (le contenu linguistique) et le référent renvoie à l'objet de la réalité dénoté par l'expression linguistique. A ces trois notions, il convient d'ajouter celle d'*énonciation*, c'est-à-dire la prise en considération du contexte de production et de réception des signes. Nous pouvons représenter les quatre notions sur le schéma suivant, où le rectangle symbolise le paramètre «énonciation» :

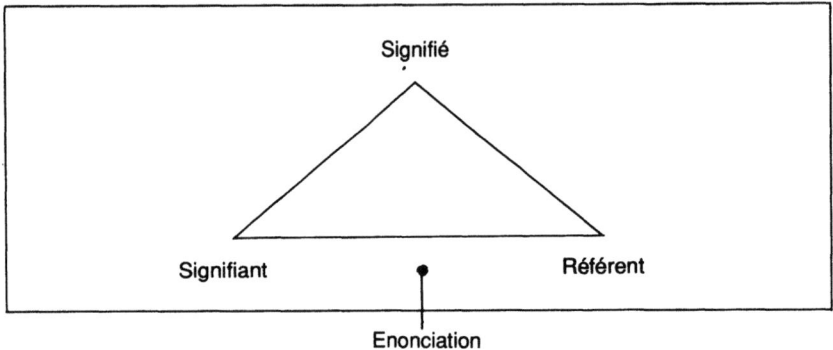

Nous allons voir que Saussure a fondé la linguistique en faisant abstraction du référent et de l'énonciation, et que ses choix ont fondé la *sémio-linguistique*, que Frege est à la source de la *sémantique formelle* en privilégiant les pôles signifié/référent, tandis que Peirce, par son refus de dissocier les concepts et d'évacuer l'une des composantes peut être considéré comme le fondateur d'une *sémiotique générale*.

1. FERDINAND DE SAUSSURE (1857-1913)

Constatant que «nulle part l'objet intégral de la linguistique ne s'offre à nous» (F. de Saussure, 1967, p. 24), Saussure va créer son objet d'étude par une double abstraction : il écarte l'énonciation dans sa première dichotomie Langue/Parole, et ensuite il écarte le référent en focalisant toute son attention sur une seconde dichotomie Signifiant/Signifié. L'objet de la linguistique est dès lors un système de signes, qui n'ont de valeur que par les relations qu'ils entretiennent entre eux. Hjelmslev, à la suite de Saussure, construira de façon très rigoureuse une linguistique «structurale» :

> On comprend par *linguistique structurale* un ensemble de recherches reposant sur une *hypothèse* selon laquelle il est scientifiquement légitime de décrire le langage comme étant *essentiellement* une *entité autonome de dépendances internes*, ou, en un mot, une *structure* (L. Hjelmslev, 1971, p. 28).

Saussure a suggéré d'étendre les études linguistiques à tous les systèmes de signes :

> La langue est un système de signes exprimant des idées, et par là, comparable à l'écriture, à l'alphabet des sourds-muets, aux rites symboliques, aux formes de politesse, aux signaux militaires, etc. Elle est seulement le plus important de ces systèmes. On peut donc concevoir une science qui étudie la vie des signes au sein de la vie sociale; elle formerait une partie de la psychologie sociale, et par conséquent de la psychologie générale; nous la nommerons sémiologie (du grec semeion, «signe»). Elle nous apprendrait en quoi consistent les signes, quelles lois les régissent (F. de Saussure, 1967, p. 33).
>
> (...) La langue, le plus complexe et le plus répandu des systèmes d'expression, est aussi le plus caractéristique de tous; en ce sens la linguistique peut devenir le patron général de toute sémiologie, bien que la langue ne soit qu'un système particulier (F. de Saussure, 1967, p. 101).

La suggestion de F. de Saussure a été adoptée par divers courants de recherches, qui se sont rapidement trouvés trop à l'étroit dans le cadre défini par la linguistique structurale, et ont essayé d'une manière ou d'une autre de faire éclater le carcan imposé par les hypothèses des linguistes structuralistes. Nous classerons les différents courants issus du structuralisme sous les noms de *sémiologie de la communication, sémiologie de la signification* et *sémiotique narrative*.

1.1. LA SEMIOLOGIE DE LA COMMUNICATION

Un premier courant (représenté surtout par E. Buyssens, G. Mounin et L. Prieto) s'est employé à mettre en corrélation les signifiants et les signifiés dans des systèmes de signes autres que le langage verbal. Mais les signes des systèmes non linguistiques ne sont pas donnés en dehors d'un principe pragmatique organisateur, qui justifie le système et ses caractéristiques. Ce principe, emprunté au fonctionnalisme, est celui de la «communication». On a affaire à un acte de communication, d'après L. Prieto, chaque fois qu'un émetteur, en produisant un signal, essaie d'exercer une influence sur un récepteur :

> L'influence que l'émetteur essaie d'exercer sur le récepteur en produisant un signal n'est autre chose que ce qu'on appelle le *sens* de ce signal (L. Prieto, 1975, p. 24).

Un signal est un signe (simple ou complexe) intentionnel, c'est-à-dire produit intentionnellement par l'émetteur, et dont l'intention est donnée à reconnaître au récepteur. L. Prieto classe les signaux en deux catégories, d'après le type d'influence qu'ils expriment : les signaux d'information (faire-savoir) et les signaux d'injonction (faire-faire). Une volonté d'économie régit le fonctionnement de toute communication : il convient à l'émetteur d'adapter aux circonstances la quantité d'information à communiquer, car le contexte fournit au récepteur le complément d'information nécessaire à l'interprétation du signal.

Par la prise en considération du contexte et de l'action intentionnelle de l'émetteur sur le récepteur, la sémiologie de la communication élargit le cadre saussurien, en l'ouvrant sur l'énonciation. La façon dont Prieto aborde l'énonciation en termes de «pertinence et pratique» nous semble assez proche d'une conception que l'on retrouvera dans un tout autre cadre, celui des actes de langage (J.L. Austin, J.R. Searle)[1].

C'est dans le domaine de la signalisation et surtout de la graphique (J. Bertin, 1967) que la sémiologie de la communication a donné les résultats les plus satisfaisants. La publicité également, en tant que message intentionnel, a pu être considérée du point de vue de la sémiologie de la communication (G. Péninou, 1972). Mais dans d'autres domaines, ce type de réflexion n'a conduit qu'à des impasses; on n'explique pas le phénomène théâtral, par exemple, en se demandant si le théâtre est une communication (au sens étroit de transmission d'un signal informatif ou injonctif d'un émetteur à un récepteur, grâce à l'utilisation d'un code commun). L'interprétation sémiotique déborde largement le cadre d'un système de communication. Elle renvoie à autre chose, au-delà du principe communicationnel. Le courant suivant va proposer un cadre permettant de dépasser les limites de la sémiologie de la communication.

1.2. LA SEMIOLOGIE DE LA SIGNIFICATION

R. Barthes (1964a) reprend systématiquement les principales notions de la linguistique structurale, pour les étendre à tous les systèmes porteurs de significations, particulièrement au «système de la mode» (1967). La réflexion de R. Barthes échappe aux limites imposées par une définition étroite de la communication : un signe est bien plus que ce qu'il communique intentionnellement; il est bien plus que sa simple «dénotation» (attention, le mot «dénotation» n'a pas ici le même sens que dans la sémantique formelle où il désigne le référent; ici «dénotation» renvoie au «signifié»); il supporte des signifiés à un second niveau, appelés «connotations».

Par la suite, l'étude de la connotation a été approfondie (C. Kerbrat-Orecchioni, 1977) et le programme de R. Barthes a été poursuivi dans des études ponctuelles, comme celle des connotations dans l'image publicitaire (L. Porcher, 1976), de l'intégration en architecture (Ph. Boudon, 1976), ou des significations manifestées dans les cimetières d'Occident (J.D. Urbain, 1978).

Cependant, l'application minutieuse d'une méthode pour tenter de cerner, dans une image par exemple, «les plus petits connotateurs» aboutit à des résultats fort limités. Cette limite nous semble due à la conception même du signe dans l'optique saussurienne : le signe est conçu à la fois comme la plus petite unité signifiante (ce qui pose le problème de la mise en rapport des unités entre elles sur le double axe paradigmatique et syntagmatique), et comme un rapport binaire entre le signifiant et le signifié (ce qui pose le problème de la raison de ce rapport : pourquoi la couleur de tel objet représenté sur telle image publicitaire peut-elle être reconnue comme un «signifiant» supportant, par exemple, le «signifié» de connotation «exotisme»?).

1.3. LA SEMIOTIQUE NARRATIVE

Ce courant de recherches sémio-linguistiques, qui se désigne comme «l'Ecole de Paris», et s'est développé sous l'impulsion de A.J. Greimas, trouve son origine dans la linguistique structurale, mais également dans l'anthropologie (Cl. Levi-Strauss) et dans l'étude des contes folkloriques (V. Propp).

L'Ecole de Paris dépasse la limite du signe comme unité signifiante, en prenant en considération des ensembles signifiants, des «textes». A la suite de L. Hjelmslev, elle décrit la signification par une mise en relation d'une «forme de l'expression» avec une «forme du contenu».

Cette école a poussé très loin l'étude de la «forme du contenu» : en partant de la structure des récits (d'après V. Propp et les premiers travaux de A.J. Greimas en 1966 et 1970), on a construit une théorie de la signification, dont le champ d'application déborde largement l'étude des récits. On peut trouver dans l'Ecole de Paris (ouvrage de référence : A.J. Greimas et J. Courtés, 1979 et 1985) une grille d'analyse très fine, permettant d'interroger non seulement les différents types de récits, mais également des textes qui, à première vue, n'ont rien de narratif : articles de presse, courrier du cœur, recettes de cuisine, textes législatifs, scientifiques...; ainsi que les objets culturels les plus divers : annonces publicitaires, peintures figuratives ou abstraites, photographies, plans d'architectes..., et toutes les manifestations sociales : l'aménagement et l'utilisation des espaces, les relations entre des personnes dans une circonstance déterminée, comme une grève, un défi, etc. Nous avons présenté (cf. N. Everaert-Desmedt, 1988) une initiation systématique à la sémiotique du récit, suivie d'exemples d'applications à divers domaines : textes littéraires, livres pour enfants, bandes dessinées, publicité, presse, espace.

Les études portant sur la «forme de l'expression» sont, par contre, beaucoup moins développées. On peut citer les essais de F. Thürlemann (1982) et de J.M. Floch (1985), qui cherchent à repérer l'articulation élémentaire de l'expression dans les «langages planaires» (qui ont comme support la surface plane, bidimensionnelle), en commençant par l'observation de quelques micro-univers, comme une annonce publicitaire, une photographie, un plan d'architecte ou un échantillon représentatif de l'œuvre d'un peintre.

La sémiotique narrative offre, à ceux qui s'interrogent sur les mécanismes de la signification, un cadre théorique très élaboré, permettant de mener l'analyse de tout texte à différents niveaux de profondeur. Mais, selon le principe d'immanence propre à la linguistique structurale, l'analyse est menée en considérant le texte comme un système clos, en s'interdisant tout recours aux faits extra-linguistiques. Il s'agit d'expliquer le texte (l'énoncé) uniquement à partir de ses relations internes, en faisant abstraction des circonstances de sa production et de sa réception (l'énonciation). Cette attitude méthodologique très stricte nous semble assez éloignée du phénomène réel de l'interprétation de tout texte.

CONCLUSION

En fondant la linguistique structurale par une série d'abstractions, F. de Saussure a donné l'impulsion à de nombreuses recherches sémiotiques.

Cependant, les hypothèses linguistiques se sont rapidement avérées trop restrictives, et les différentes Ecoles ont tenté d'élargir leur problématique, soit en faisant intervenir un aspect pragmatique (sémiologie de la communication), soit en considérant la signification au-delà des systèmes de communication intentionnelle (sémiologie de la signification), ou encore en élargissant l'objet d'étude, des signes aux textes (sémiotique narrative).

Malgré toutes ces tentatives d'élargissement, les recherches sémio-linguistiques demeurent amputées d'une dimension essentielle dans le phénomène de l'interprétation : le *référent*. Cette dimension est, par contre, au centre des préoccupations de Frege, comme nous allons le voir dans la section suivante.

2. GOTTLOB FREGE (1848-1925)

De nombreux philosophes depuis Platon se sont interrogés sur les notions de *référence* et de *vérité* dans l'interprétation sémantique. Connaître le sens d'un concept, c'est savoir à quelle entité du monde il peut renvoyer, et connaître le sens d'une proposition, c'est être capable de lui attribuer une valeur de vérité. En imposant à la sémantique d'expliquer les relations qui existent entre le monde et le langage, on évite de renvoyer *ad infinitum* les signifiés aux signifiés, le référent fournissant un terme à la quête interprétative. Il revient à Frege d'avoir le premier exposé une théorie du langage systématisant ces notions et d'avoir proposé un programme de recherches qui sera développé au cours du XXe siècle par un courant que l'on appelle du nom générique de «sémantique formelle». (Citons en vrac Russel, Carnap, Kaplan, Hintikka, Montague, Cresswell; pour un bref panorama de la situation actuelle, on se référera à l'anthologie de F. Nef, 1984).

Nous indiquerons ci-dessous les hypothèses fondamentales de Frege, qui sont à la source de la sémantique formelle; ensuite, nous dirons un mot du devenir de ces thèses dans la recherche actuelle; enfin, nous verrons quelles critiques l'on peut formuler contre un pareil projet de recherches.

2.1. LES THESES FONDATRICES

A) UNE SEMANTIQUE HORS CONTEXTE

Frege part de la constatation qu'un certain nombre de phrases peuvent être comprises sans tenir compte du locuteur, du destinataire, du lieu où a été proféré l'énoncé, etc. Il en conclut qu'une large part des langues naturelles n'a pas besoin du contexte pour recevoir une interprétation. La tâche de la sémantique est alors d'assigner un sens aux expressions du langage en faisant abstraction des circonstances de l'énonciation. Bien évidemment, il y a une série de phénomènes qui échappent à un pareil traitement : les déictiques (*je, tu, ici, maintenant,...*), mais ces phénomènes sont considérés comme marginaux. Il y a un «noyau dur» du langage (énoncés constatifs) et une «périphérie». Le premier travail à accomplir est d'élaborer une théorie qui explique qu'en dehors de tout contexte chaque locuteur a une certaine compétence à propos de certains énoncés : comprendre une langue, c'est savoir relier des expressions linguistiques et des fragments de réel, pouvoir dire à quoi les entités linguistiques renvoient.

B) PRINCIPE COMPOSITIONNEL DE LA SEMANTIQUE

Le sens d'une expression est fonction de ses parties et de sa construction. Ainsi, la valeur de «petit garçon» est un individu qui a à la fois les propriétés de /garçon/ et de /petit/ (principe de compositionnalité) et la syntaxe (la construction) détermine l'ordre qu'il faut suivre pour agencer les valeurs sémantiques entre elles. Syntaxe et sémantique sont donc établies en même temps, et l'une n'est pas première par rapport à l'autre.

C) L'OPPOSITION SIGNIFIE/REFERENT

Dans une sémantique formelle, le rôle de l'interprétation est d'associer une correspondance entre /signifié/ et /référent/, d'où l'on parle souvent dans ce cas de «théorie de la correspondance». L'un des mérites essentiels de Frege est d'avoir tenté d'établir une théorie de la correspondance pour les langues naturelles, en opposant les notions de signifié et de référent (nous employons la terminologie utilisée jusqu'ici, mais Frege parle respectivement de «Sinn» et «Bedeutung»).

Alors que dans les langues formelles il y a un rapport univoque entre terme et référent, ce n'est pas le cas dans les langues naturelles : chaque terme a un signifié, même s'il n'a pas de référent (ex. : licorne), et à un même référent peuvent correspondre plusieurs signifiés (les concepts «étoile du matin» et «étoile du soir» renvoient à un référent identique, la planète Vénus).

Grâce à cette distinction, Frege peut traiter les termes sans référents dans le monde et les phénomènes liés aux «contextes obliques».

Prenons un exemple.

Des termes qui ont une même référence peuvent être substitués entre eux sans changer la valeur de vérité de la proposition («Salva veritate»). Ainsi, si *Pierre* et *mon voisin* sont coréférentiels, et si la proposition (a) est vraie, alors la proposition (b) est nécessairement vraie :

(a) Pierre est un garçon charmant
(b) Mon voisin est un garçon charmant

Or, ce n'est plus vrai si la proposition est insérée dans une proposition principale contenant un verbe de croyance (contexte oblique) : dans les mêmes conditions, l'énoncé (b') n'est plus *nécessairement* vrai, parce qu'Arthur peut ignorer que *Pierre* et *mon voisin* désignent une même personne :

(a') Arthur croit que Pierre est un garçon charmant
(b') Arthur croit que mon voisin est un garçon charmant

La solution de Frege sera de dire que dans ces contextes, les termes renvoient à leur signifié, et que leur référence est donnée indirectement : en (a') la proposition /Pierre est un garçon charmant/ renvoie au signifié de la proposition (le signifié de la proposition est l'ensemble des valeurs de vérité qu'elle peut prendre, soit vrai soit faux), et la référence est donnée à partir du contexte /Arthur croit/. D'où (b') peut être faux, même si (a') est vrai, si l'équivalence /Pierre = Mon voisin/ ne fait pas partie de l'univers d'Arthur. C'est parce qu'il s'agit de référence oblique que le test de commutation *salva veritate* échoue.

En mettant l'accent sur ces problèmes et en proposant des concepts tels que «Sinn/Bedeutung», Frege jette les bases d'une sémantique formelle pour traiter les langues naturelles.

2.2. DEVELOPPEMENT DES CONCEPTS FONDAMENTAUX[2]

Cette conception de l'interprétation sera à la source d'un courant de recherches important.

Après la première guerre mondiale, Tarski va affiner la théorie de la correspondance en séparant explicitement la langue objet et la métalangue (cf. J. Lyons, 1978, p. 138). Lesniewski et Ajdukiewicz construiront des systèmes pour les langues naturelles. Ces préoccupations formelles passeront dans le monde anglo-saxon par l'intermédiaire des travaux de Y. Bar-Hillel (1953), et seront systématisées surtout par Montague, Lewis et Cresswell.

Les linguistes vont proposer des systèmes formels inspirés directement de ces courants. Ces systèmes comprennent une syntaxe (règles qui permettent de constituer les expressions) et une sémantique (règles d'interprétation), dont voici les grandes lignes :

A) LA SYNTAXE

On choisit deux primitifs, par exemple d et S. A partir de ces deux primitifs, on construit par des règles explicites les autres catégories (catégories dérivées).

Par exemple, l'expression

$S/d \cdot d = S$

est bien construite. Elle traduit qu'un prédicat (S/d) s'applique à une entité (d) pour former une phrase (S). Cette expression peut être instanciée par :

Dormir . Pierre = Pierre dormir

L'idée de base des grammaires catégorielles est donc la suivante : à partir de deux (parfois trois) unités basiques, on construit un système syntaxique cohérent par des règles explicites. Le modèle le plus complexe a été proposé par Montague, où l'utilisation d'un abstracteur «lambda» donne à la syntaxe une très grande souplesse, sans rien enlever à sa rigueur. (On remarquera que l'on se trouve en opposition avec une grammaire générative, qui prend la phrase comme point de départ.)

B) LA SEMANTIQUE

La sémantique s'applique aux expressions syntaxiques, en leur fournissant une interprétation, qui consiste à établir un rapport avec le monde. Le concept fondamental qui permet d'établir les relations entre les expressions et le monde est celui de vérité. Etant donné un univers déterminé, une fonction assigne aux expressions basiques une valeur référentielle, encore appelée valeur dénotative. La dénotation d'une proposition est sa valeur de vérité, la dénotation d'un terme est un individu, la dénotation d'un prédicat est la classe des individus qui le satisfont.

Pour prendre un exemple concret, la proposition *Pierre dort* sera vraie si l'individu *Pierre* fait partie, dans l'interprétation considérée, de la classe des individus qui dorment. Et la proposition /La chaise dort/ n'a pas de sens, parce que /chaise/ ne fait pas partie des individus pouvant satisfaire le prédicat /dormir/. Il faut insister sur le fait que syntaxe et sémantique fonctionnent de concert : l'interprétation suit pas à pas la traduction syntaxique. (Ici aussi, il y a opposition avec la grammaire générative, qui place la syntaxe comme composante première.)

Frege avait méthodologiquement écarté les problèmes liés à l'usage des langues naturelles, en se concentrant uniquement sur le «noyau dur» (phrases constatives, sans indexicaux). Or, pour décrire l'énoncé, on a besoin d'indications pragmatiques contextuelles. Les successeurs de Frege vont donc tâcher d'attaquer la «périphérie» (les indexicaux, mais aussi les phrases non assertives, etc.). C'est ainsi que D. Lewis (1972) a proposé d'introduire des indices contextuels comprenant :

1) un point de repère-temps, qui permet de fixer un ancrage pour organiser les relations temporelles;
2) un point de repère-lieu (pour interpréter des phrases comme «Il fait froid *ici*»);
3) un point de repère-émetteur («*Je* pense que...»);
4) un point de repère-destinataire («*Tu* dis que...»);
5) un point de repère-référentiel («*Cet* homme...»);
6) un point de repère-discursif («L'homme *déjà mentionné*...»).

Tous ces points de repères se combinent pour former un *monde possible* : la valeur dénotative variera suivant le monde envisagé; à chaque monde possible correspond un référent ou objet dénoté. L'ensemble des objets dénotés est l'*extension*, à laquelle on oppose l'*intension*, qui est la fonction reliant un monde possible à son référent.

Prenons un exemple : une expression de type *d*, «détective», a comme extension une classe d'individus : «Sherlock Holmes, Dupin, etc.». A l'indice *i*, dans le monde possible de C. Doyle, «détective» renvoie uniquement à Sherlock Holmes par l'intermédiaire de la relation «personne chargée d'une enquête policière». A un autre indice, par exemple dans le monde possible de E. Poe, l'expression «détective» renvoie uniquement à l'individu Dupin, par l'intermédiaire de la même relation. C'est cette relation fonctionnelle que l'on appelle *intension*. On consultera Montague pour une définition formelle de ces notions.

Si une expression peut être considérée sous l'angle intensionnel ou extensionnel, ces deux points de vue ne sont pas équivalents et ne présentent pas, pour la description linguistique, le même intérêt :

1) L'intension correspond à la *définition analytique* des dictionnaires : en effet, lorsque le dictionnaire Robert définit *Chat* comme «petit mammifère familier à poil doux, aux yeux oblongs et brillants, à oreilles triangulaires, qui griffe», cette définition n'exprime rien d'autre que la fonction reliant un monde possible et un dénoté virtuel ; elle n'exprime donc rien d'autre que l'intension.

2) La notion d'intension est *plus générale* que la notion d'extension. A partir de l'intension, on peut trouver la classe des dénotations (l'extension), mais il n'est possible de définir l'intension à partir des dénotations que si l'on a à sa disposition l'ensemble des interprétations (toutes les dénotations possibles), exigence qui n'est jamais réalisée en ce qui concerne la langue, qui est un système ouvert.

3) Pour exprimer la sémantique de certains éléments linguistiques, on doit faire appel nécessairement à la notion d'intension, car la notion d'extension s'avère insuffisante. C'est le cas de certains opérateurs modaux (cf. l'exemple de *nécessairement* développé par B.H. Partee, 1975, p. 243). On trouvera dans l'article de R. Montague, *The proper treatement of quantification in ordinary English* (traduit dans F. Nef, 1984, p. 135), une liste des «contextes intensionnels», c'est-à-dire des expressions qui doivent nécessairement faire appel à des notions intensionnelles pour le calcul de leur valeur sémantique.

Dès lors, il est justifié de traduire toute la sémantique en termes intensionnels (ce que font Montague, Lewis et d'autres), ce qui assure une très grande cohérence interne à la sémantique.

2.3. *CRITIQUES*

Frege a privilégié la relation signifié/référent, en ne s'occupant nullement du plan de l'expression (le signifiant). Or, ce plan a une importance considérable pour les systèmes qui ne sont pas des langues formelles. Il est clair que tout système qui ignore la matérialité du signe est a priori inadéquat pour fonder une théorie sémiotique.

Il y a plus. Frege a fait abstraction dès le départ de la composante énonciative. Celle-ci est venue s'ajouter après coup, sur un système qui avait déjà poussé la formalisation très loin. Le résultat obtenu est un modèle hybride et théoriquement très fragile. La sémantique formelle doit se dépêtrer d'un formalisme qui est venu trop tôt. Elle est tombée dans le piège décrit par G. Fauconnier :

> Les travaux actuels en sémantique «modèle-théorique» sont souvent défendus à peu près de la manière suivante : pour être falsifiable, une théorie scientifique doit être totalement explicite, et pour être totalement explicite, elle doit être complètement formalisée ; or, les logiques intensionnelles avec interprétation modèle-théorique remplissent cette exigence de formalisation totale. Mais cette défense est insuffisante. D'abord, le fait qu'on étudie des fragments choisis affaiblit l'hypothèse de falsifiabilité, en l'absence d'extension naturelle à des gammes de données plus vastes. Plus grave, la formalisation totale implique un choix de concepts théoriques dès le début de la recherche (en fait, ces concepts sont importés de la logique mathématique). Or, il est simplement incorrect de soutenir qu'une science empirique requiert ce genre de formalisation aux stades préliminaires de son développement : la recherche de concepts théoriques adéquats et de conceptions véritablement explicatives a toujours la priorité ; une formalisation prématurée ne donne pas seulement une théorie falsifiable, mais une théorie fausse, et il n'y a pas de raison de penser qu'une théorie fausse représente un pas en avant dans la bonne direction, et qu'elle est donc valable de toute façon. Si la formalisation est fondée sur des concepts empiriquement inadéquats, non seulement elle empêchera l'explication, mais elle obscurcira les phénomènes étudiés au niveau élémentaire de leur appréhension comme faits : les tentatives de raccommoder ces formalisations en bricolant des concepts qui étaient fondamentalement inadéquats au départ se soldent par un cadre encore plus opaque heuristiquement (G. Fauconnier, 1984, pp. 212-213).

3. CHARLES SANDERS PEIRCE (1839-1914)

Nous insistons ici sur les hypothèses fondamentales de Peirce, hypothèses qui s'opposent aussi bien à celles de Saussure qu'à celles de Frege.

3.1. UNE SEMIOTIQUE GENERALE

A) UNE THEORIE QUI ENVISAGE *TOUTES LES COMPOSANTES* DE LA SEMIOTIQUE

Peirce pose au centre de sa sémiotique, sur un même pied, les termes correspondant au signifiant, au signifié et au référent. Ces trois composantes se projettent sur la situation d'énonciation. Nous verrons que la dimension pragmatique est inséparable du processus sémiotique. Il n'y a aucune coupure méthodologique chez Peirce, l'ensemble des composantes doivent nécessairement être posées en même temps, et elles ont toutes la même importance. Saussure avait abandonné le référent en l'écartant de la tâche du linguiste, et il avait renvoyé les aspects énonciatifs à la «parole»; Frege avait écarté le signifiant et il considérait d'abord le «noyau dur», en renvoyant les aspects pragmatiques à la périphérie. Rien de tel chez Peirce : la sémiotique sera globale ou elle ne sera pas !

B) UNE THEORIE QUI ENVISAGE *TOUS LES OBJETS CULTURELS*

Dans l'élaboration de sa théorie sémiotique, Peirce envisage d'emblée tous les domaines signifiants, plutôt que de prendre comme modèle privilégié le fonctionnement du langage verbal.

Les données qu'il utilise pour mettre en place et illustrer ses concepts appartiennent à la fois à la vie émotionnelle, pratique et intellectuelle : la couleur du fuchsia, la valeur du magenta, l'odeur de l'essence de rose, le son d'un sifflet de locomotive, le goût de la quinine, la qualité de l'émotion éprouvée en contemplant une belle démonstration mathématique, l'empreinte du pas de Vendredi sur le sable de l'île de Robinson Crusoé, le fait qu'une pierre tombe sur le sol, l'existence individuelle dans sa singularité, ou les raisonnements syllogistiques... Parmi des catégories de signes très nuancées, Peirce situe, entre autres, les mots et les propositions.

La sémiotique de Peirce s'appuie sur une réflexion phénoménologique et sur la logique des relations, pas du tout sur la linguistique. Selon lui, la linguistique, théorie des signes du langage verbal, est une branche de la sémiotique, théorie générale des signes.

Ainsi, la sémiotique peircienne se distingue à la fois de toutes les recherches sémiotiques qui s'inspirent du modèle linguistique, et de la sémantique de Frege, qui ne vaut que pour le langage. De plus, par son ancrage dans une réflexion phénoménologique et métaphysique, elle prend une dimension beaucoup plus ambitieuse qu'une simple théorie de la signification. Elle est tout un projet philosophique.

C) UNE THEORIE QUI *GENERALISE LE CONCEPT DE SIGNE*

Un signe, selon Peirce, peut être simple ou complexe. Contrairement à Saussure, Peirce ne définit pas du tout le signe comme la plus petite unité significative. Contrairement à Frege, Peirce ne construit pas sa théorie à partir de deux primitifs, et n'interprète pas un signe complexe sur la base d'un principe de compositionnalité.

Pour Peirce, un terme, une proposition, un raisonnement ou tout un discours peuvent être considérés comme des signes, bien qu'ils soient de complexité différente :

> ... Les signes en général, classe qui inclut les tableaux, les mots, les phrases, les livres, les bibliothèques, les signaux, les ordres, les macroscopes, les représentants de la loi, les concerts musicaux, leurs manifestations... (Ch.S. Peirce, MS 634, 1909, cité par A. Ubersfeld, in Helbo A. *et al.* (Ed.), 1987, p. 116).

La conception inclusive des signes est particulièrement affirmée dans le passage suivant :

> Si des signes sont reliés entre eux, quelle que soit la façon dont ils le sont, le système qui en résulte constitue un signe ; ce qui fait que, résultant d'un grand nombre de connexions provenant d'appariements successifs, un signe fréquemment en interprète un autre, à condition toutefois qu'il soit «marié» à un troisième signe. Ainsi, la conclusion d'un syllogisme, c'est l'interprétation de l'une des prémisses en tant que «mariée» à l'autre, et tous les principaux processus de traduction de la pensée sont de la sorte. A la lumière du théorème ci-dessus, nous voyons que la totalité de la vie de la pensée d'un individu est un signe ; et une partie considérable de ses interprétations résultera de mariages avec la pensée d'autrui. Ainsi, la pensée d'un groupe social est un signe ; et le corps entier de toute pensée est un signe si on suppose que toute pensée est plus ou moins reliée à d'autres (Ch.S. Peirce, MS 1476, env. 1904, cité par A. Ubersfeld, *Id.*, pp. 120-121).

Toute chose, tout phénomène, aussi complexe soit-il, peut être considéré comme signe dès qu'il entre dans un processus sémiotique, c'est-à-dire dès qu'un interprète le réfère à autre chose. La délimitation d'un phénomène comme signe n'est déterminée qu'à travers une élucidation de son sens.

3.2. UNE SEMIOTIQUE TRIADIQUE

Toutes les recherches sémiotiques partagent le même objectif : mettre en évidence les mécanismes de la signification, et s'appuient sur un même principe méthodologique : la signification apparaît par une mise en relation. Mais les deux réseaux de recherches que nous avons indiqués précédemment se distinguent de la sémiotique peircienne par le nombre des termes mis en relation : au binarisme de la conception saussurienne et frégéenne répond le triadisme de Peirce.

Dans le structuralisme européen, en effet, les relations étudiées se présentent, le plus souvent, de façon binaire. Après avoir opposé la langue et la parole, Saussure explique que les relations entre les signes, dans le système de la langue, se font selon deux axes : le paradigme et le syntagme ; le signe lui-même consiste en une relation entre deux faces : le signifiant et le signifié. Hjelmslev précise que la signification apparaît par une mise en relation d'une forme de l'expression avec une forme du contenu. Barthes, à la suite de Hjelmslev, oppose la dénotation et la connotation. Greimas présente la structure élémentaire de la signification comme un axe qui articule deux termes contraires, et peut se complexifier en «carré sémiotique»; il définit également les actants par couples, en les situant sur un double axe : l'axe du désir (sujet - objet) et de la communication (destinateur - destinataire).

Chez Frege, ce sont également des oppositions binaires qui apparaissent : signifié/référent, «noyau dur/périphérie».

Dans la sémiotique peircienne, par contre, les relations se nouent systématiquement entre trois termes.

La «sémiosis», ou la production de la signification, est un processus triadique, qui met en relation un signe ou representamen (1er), un objet (2e) et un interprétant (3e) :

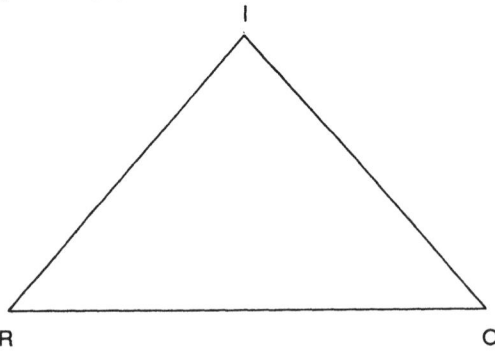

L'interprétant est un signe lui-même, qui renvoie à l'objet de la même façon que le representamen, et permet ainsi au premier signe de renvoyer à l'objet :

> Un representamen est le sujet d'une relation triadique avec un second appelé son objet, pour un troisième appelé son interprétant, cette relation triadique étant telle que le representamen détermine son interprétant à entretenir la même relation triadique avec le même objet pour quelque interprétant (Ch.S. Peirce, C.P. 1.541 ; D. p. 117).

Chacun des termes de la semiosis se subdivise également en trois catégories : il existe trois types de representamens, trois modes de renvoi du representamen à l'objet, trois façons dont l'interprétant opère la relation entre le representamen et l'objet.

Cette conception triadique de la sémiotique (que nous développerons dans notre chapitre III) doit se comprendre dans le cadre de la philosophie de Peirce (que nous présenterons dans notre chapitre II) :

> Je suis forcé d'avouer qu'en philosophie, j'ai un penchant marqué pour le nombre Trois. En fait, j'utilise si couramment la division trichotomique dans mes spéculations qu'il me semble préférable de commencer par une brève étude préliminaire des conceptions sur lesquelles ces divisions doivent reposer. Je n'entends rien de plus que les idées de premier, second, troisième — idées si vastes qu'on peut les regarder plutôt comme des dispositions ou des tons de la pensée que comme des notions définies, mais qui, de ce fait, ont une grande portée (Ch.S. Peirce, C.P. 1.355 ; D. p. 71).

3.3. UNE SEMIOTIQUE PRAGMATIQUE

A) UNE SEMIOTIQUE EN CONTEXTE

Tout énoncé contient des indications pragmatiques (indexicaux : noms propres, pronoms personnels et démonstratifs, adverbes de lieu et de temps, déterminants) qui permettent aux interlocuteurs de repérer, de situer dans un contexte, les «objets» à propos desquels ils se parlent.

Or, tous ces aspects ont été écartés aussi bien par Saussure que par Frege. Le geste fondateur de Saussure a consisté, en effet, dans la distinction entre la langue (comme système) et la parole (comme actualisation du système dans des contextes particuliers). Seule la langue est définie comme objet d'étude. Et tout ce qui serait d'ordre pragmatique est relégué dans la parole. Frege, de même, renvoie la pragmatique à la «périphérie».

Au contraire, une étude sémiotique menée dans le cadre de Peirce prend en considération le contexte de production et de réception des signes : il s'agit d'une sémiotique en contexte.

B) UNE SEMIOTIQUE EN ACTION

La sémiotique de Peirce est à replacer dans sa dimension philosophique : la philosophie prônée par Peirce est le «pragmatisme» ou le «pragmaticisme».

J. Chenu, à la suite d'autres auteurs, distingue deux interprétations de la philosophie de Peirce, l'une large, l'autre plus étroite et plus stricte :

> Au sens large, le pragmatisme consisterait à rechercher le sens d'une hypothèse ou de n'importe quelle idée, dans ses conséquences pratiques, sans autre spécification. Au sens strict, le pragmaticisme concernerait essentiellement les conceptions scientifiques et on entendrait par leurs effets pratiques prévisibles ceux qui seraient susceptibles de se manifester dans une recherche expérimentale (J. Chenu, 1984, p. 149).

J. Chenu reprend l'exemple suivant : la phrase «Voici du charbon» signifierait dans un cas : «Si je me proposais d'obtenir de la chaleur, je mettrais ce charbon en contact avec une flamme», et dans l'autre cas, «Si ce charbon était en contact avec une flamme, il brûlerait». Dans les deux cas, il apparaît que la signification des mots et des énoncés est la manière dont ces mots et ces énoncés sont employés dans la pratique :

> La signification d'un concept est la somme de ses effets possibles sur la conduite (Ch.S. Peirce, C.P. 5.9).

> Toute la fonction de la pensée est de produire des habitudes d'action (Ch.S. Peirce, C.P. 5.400).

En mettant l'accent sur les conséquences pratiques des énonciations, le pragmatisme de Peirce ouvre la voie à la pragmatique des actes de langage bien avant Austin et Searle[3].

Peirce est à l'origine de la distinction, formulée par Morris, entre syntaxe, sémantique et pragmatique; cependant, Peirce n'aurait nullement approuvé le cloisonnement entre ces trois branches de la sémiotique. Pour lui, la pragmatique (domaine de l'interprétant) est indissociable de la sémantique (domaine de l'objet) et de la syntaxe (domaine du representamen) :

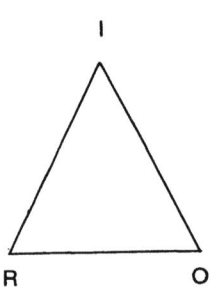

Il n'y a pas de sémiotique (de production de signification) en dehors de la pragmatique, c'est-à-dire d'une *action* dans un *contexte*.

La signification d'un signe, dit Peirce, est ce qu'il fait, comment il agit sur l'interprète, quel effet il produit. Décrire la signification d'un signe, c'est décrire le processus cognitif par lequel le signe est interprété et provoque un type d'action :

> Si un mot, une proposition, une phrase conduit à agir de deux manières différentes, le mot, la proposition, la phrase n'a pas une, mais deux significations. Si deux mots, deux propositions, deux phrases ne donnent jamais lieu qu'à un seul type d'action, ils n'ont pas deux significations, mais une seule (G. Deledalle, 1979, pp. 148-149).

La démarche interprétative conduit l'interprète de la *perception* à l'*action*, par le biais de la *pensée*.

CONCLUSION

Une sémiotique *générale, triadique* et *pragmatique* : voilà trois lignes de force par lesquelles la sémiotique peircienne se distingue des diverses recherches sémiotiques issues du structuralisme européen et de la sémantique formelle.

Ces dernières se caractérisent, en effet, par leur origine dans le modèle *linguistique*, leur conception *binaire* des relations, et leur étude *partielle* de systèmes clos.

NOTES

[1] Nous avons présenté le cadre théorique des actes de langage dans N. Everaert-Desmedt, 1984.
[2] Pour la présentation de ces concepts, nous nous inspirons librement du chapitre consacré à la grammaire catégorielle dans G. Everaert, 1988.
[3] Sur les rapports entre le pragmatisme de Peirce et la pragmatique des actes de langage, voir Ch. Chauviré, 1984.

Chapitre 2
Les trois catégories philosophiques

> *Un, deux, trois sont plus que de simples mots pour compter comme «am, stram, gram».*
>
> *Ch.S. Peirce*

1. LA PHANEROSCOPIE

Peirce décrit le fonctionnement de la signification par la mise en relation de trois termes, qui appartiennent à trois catégories philosophiques fondamentales.

La nécessité de trois catégories (pas une de moins, ni une de plus) pour rendre compte des phénomènes s'explique logiquement, car toutes les catégories supérieures à trois sont réductibles à trois, mais trois n'est pas réductible à deux :

> La raison est que, alors qu'il est impossible de former un trois authentique par modification de la paire sans introduire quelque chose d'une nature différente de l'unité et

de la paire, quatre, cinq et tout nombre supérieur peuvent se former par simple combinaison de trois (Ch.S. Peirce, C.P. 1.363; D. p. 77).

Par exemple, la triade «A donne B à C» ne peut pas se réduire aux deux dyades : «A jette B» et «C prend B». Par contre, le fait quaternaire que «A vend B à C pour le prix de D» peut être analysé comme deux triades : A fait avec B une transaction E, et cette transaction E est la vente de C pour le prix de D.

Trois catégories sont donc nécessaires et suffisantes pour rendre compte de l'expérience humaine, de la façon dont l'homme appréhende les phénomènes. Peirce donne le nom de «phanéroscopie» à la théorie dans laquelle il expose ces catégories. La phanéroscopie est la description des phanérons. Un «phanéron» (du grec «phanein» : apparaître) est tout ce qui peut apparaître à l'esprit, tout phénomène, qu'il corresponde à quelque chose de réel ou non :

> (...) que ce phénomène soit quelque chose que l'expérience externe impose à notre considération, ou qu'il s'agisse du plus fou des rêves, ou de la conclusion la plus abstraite et générale de la science (Ch.S. Peirce, C.P. 5.41).

La théorie que Peirce élabore rend compte de tous les phénomènes, aussi bien, par exemple, du fait qu'une pierre tombe sur le sol, que de l'idée possible d'un cercle carré...

Pour appréhender correctement les phénomènes, il convient, dit Peirce, d'exercer trois facultés : l'observation, la discrimination et la généralisation :

> Les facultés que nous devons exercer pour accomplir ce travail sont au nombre de trois. La première et la plus importante est cette faculté rare, la faculté de voir bien en face ce qui se présente, précisément comme il se présente lui-même, sans le remplacer par aucune interprétation, sans l'adultérer pour tenir compte de telle ou telle circonstance prétendûment modificatrice. C'est la faculté de l'artiste qui voit par exemple les couleurs apparentes de la nature comme elles apparaissent. Lorsque le sol est couvert de neige sur laquelle le soleil brille violemment sauf là où il y a de l'ombre, si vous demandez à un homme ordinaire quelle couleur cela lui semble, il vous dira que c'est blanc, blanc pur, plus blanc au soleil, un peu plus gris dans l'ombre. Mais ce qu'il est occupé à décrire n'est pas ce qu'il a devant les yeux; c'est sa théorie de ce qu'il croit qu'il doit voir. L'artiste lui dira que les ombres ne sont pas grises mais d'un bleu foncé, et que la neige au soleil est d'un jaune riche. Ce pouvoir d'observation de l'artiste est ce qui est le plus nécessaire dans l'étude de la phénoménologie. La seconde faculté dont nous devons nous efforcer de nous armer, c'est une discrimination résolue qui s'attache comme un bouledogue à la chose particulière que nous sommes occupés à étudier, la poursuit partout où elle peut se terrer et la détecte sous tous ses déguisements. La troisième faculté dont nous aurons besoin est le pouvoir généralisateur du mathématicien qui produit la véritable formule abstraite livrant la véritable essence de la chose examinée, purifiée de tout mélange d'accompagnements extérieurs et sans pertinence (Ch.S. Peirce, C.P. 5.42).

Parmi les phénomènes, Peirce distingue trois catégories, qu'il désigne à l'aide des nombres : un, deux, trois, ou «firstness, secondness, thirdness» (en français : priméité, secondéité, tiercéité) :

> Premier est la conception de l'être et de l'exister indépendamment de toute autre chose.
> Second est la conception de l'être relatif à quelque chose d'autre.
> Troisième est la conception de la médiation par quoi un premier et un second sont mis en relation (Ch.S. Peirce, C.P. 6.32; D. p. 204).

Nous verrons qu'à ces définitions strictement «numériques» correspondent trois aspects de l'expérience humaine : à la priméité correspond la vie émotionnelle; à la secondéité, la vie pratique; et à la tiercéité, la vie intellectuelle.

Peirce fait remarquer (C.P. 5.79 - 5.81) que les divers systèmes métaphysiques modernes se sont élaborés en mettant l'accent exclusivement sur une catégorie (par exemple, Condillac privilégie la première catégorie; Helmholz, la seconde; Hegel, la troisième), ou en mettant en relation deux catégories (ainsi, les nominalistes modérés admettent la première catégorie et la seconde, mais dénient la troisième; Berkeley retient la première et la troisième; Descartes, la deuxième et la troisième). Même Kant qui pose, en principe, les trois catégories, confond, en fait, la première et la troisième. Il faut remonter à la philosophie platonicienne, dont l'aristotélisme est un développement particulier, pour retrouver les trois catégories : Peirce s'inscrit dans la filiation d'Aristote.

Nous allons préciser ci-dessous comment Peirce conçoit chacune des trois catégories.

1.1. LA PRIMEITE

La priméité est la conception de l'être indépendamment de toute autre chose.

Ce serait, par exemple, le mode d'être une «rougéité» avant que quelque chose dans l'univers fût rouge; ou une impression générale de peine, avant qu'on ne se demande si cette impression provient d'un mal à la tête, d'une brûlure, ou d'une douleur morale.

Mais dès que nous considérons une chose particulière effectivement rouge, nous la distinguons des autres choses qui n'ont pas la même propriété : nous faisons donc intervenir la secondéité; et dès que nous prenons conscience que nous souffrons, par exemple, d'un mal aux dents, nous entrons dans la secondéité : nous mettons en relation une cause et un effet.

Il faut bien comprendre que, dans la priméité, il n'y a que du *UN*. Il s'agit donc d'une conception de l'être dans sa globalité, sa totalité, sans limites et sans parties, sans cause et sans effet.

La priméité est la catégorie de la qualité, du sentiment («quality of feeling») : qualités sensorielles comme une odeur, un goût, un son, une couleur, une matière; émotions comme le tragique, le beau, l'humoristique, le stable, l'ennuyeux, l'effrayant, etc.

Une qualité peut être simple ou complexe :

> Elle peut avoir la complexité d'un paysage alpin ou d'un final de Beethoven. Les qualités sont floues, elles n'ont pas de limites précises, elles s'interpénètrent et ne sauraient être comptées. On ne peut pas leur appliquer rigoureusement le principe de non-contradiction. Cette nuance de brun est peut-être rouge bien qu'elle ne le soit pas vraiment. Ce qui est épouvantable attire et repousse dans le même temps (D. Savan, 1980, p. 14).

Une qualité est une pure potentialité abstraite. La priméité est l'ordre du possible; elle est vécue dans une sorte d'instant intemporel.

Il est impossible de concevoir la priméité pure, parce qu'elle est antérieure à toute pensée articulée. Dès que nous en parlons, elle nous échappe.

Voici un passage dans lequel Peirce tente d'évoquer l'idée de l'absolument premier :

> L'idée de l'absolument premier doit être entièrement séparée de toute conception de quelque chose d'autre ou de référence à quelque chose d'autre; car ce qui implique un second est lui-même un second par rapport à ce second. Le premier doit donc être présent et immédiat, de façon à n'être pas second par rapport à une représentation. Il doit être initial, original, spontané et libre; sinon, il est second par rapport à une cause déterminante. Il est aussi quelque chose de vif et de conscient; ce n'est qu'à cette condition qu'il évite d'être l'objet d'une sensation. Il précède toute synthèse et toute différenciation; il n'a ni unité ni parties. Il ne peut être pensé d'une manière articulée : affirmez-le et il a déjà perdu son innocence caractéristique; car l'affirmation implique toujours la négation de quelque chose d'autre[1]. Arrêtez d'y penser et il s'est envolé! Ce qu'était le monde pour Adam le jour où il ouvrit les yeux sur lui, avant qu'il n'ait établi de distinctions ou n'ait pris conscience de sa propre existence — voilà ce qu'est le premier : présent, immédiat, frais, nouveau, initial, spontané, libre, vif, conscient et évanescent. Souvenez-vous seulement que toute description que nous en faisons ne peut qu'être fausse (Ch.S. Peirce, C.P. 1.357; D. pp. 72-73).

1.2. LA SECONDEITE

La secondéité est la conception de l'être relatif à quelque chose d'autre.

C'est la catégorie du réel, de l'individuel, de l'expérience, du fait, de l'existence : l'existence d'une chose, d'un événement, d'une idée, d'une situation, ou d'un rêve dont nous prenons conscience. C'est la catégorie du «hic et nunc», de ce qui se produit en un lieu et un temps déterminés, de la force brutale, de l'effort qui rencontre une résistance, de l'action-réaction : par exemple, la pierre que l'on lâche tombe sur le sol; la girouette s'oriente en fonction de la direction du vent; vous éprouvez une douleur, maintenant, à cause d'un mal aux dents.

La secondéité implique la priméité : les qualités s'actualisent dans un objet ou un événement réel. Dans le *DEUX* est compris le *UN* : dans un tableau (objet individuel, réel), s'incarne une qualité de rouge.

La secondéité s'inscrit dans un temps discontinu, où s'impose la dimension du passé : c'est le temps des existences individuelles datées. Tel fait a lieu à tel moment, avant tel autre fait, qui en est la conséquence.

Voici un exemple par lequel Peirce montre la différence entre la priméité (une qualité absolue, intemporelle) et la secondéité (un événement qui se produit à un moment donné) :

> Imaginez-vous, écrit Peirce à Lady Welby, assise seule dans la nacelle d'un ballon, bien au-dessus de la terre, jouissant paisiblement du calme et de la tranquillité absolue. Soudain le sifflet strident d'une machine à vapeur vous déchire le tympan et continue un bon moment. L'impression de tranquillité était une idée de priméité, une qualité du sentiment. Le sifflet strident ne vous permet pas de penser ou de faire autre chose que souffrir. Ainsi cela aussi est absolument simple. Une autre priméité. Mais le déchirement du silence par le bruit était une expérience, un phénomène de secondéité vécue (G. Deledalle, 1979, p. 60).

1.3. LA TIERCEITE

La tiercéité est la médiation par quoi un premier et un second sont mis en relation.

Dans le *TROIS* sont compris le *DEUX* et le *UN*. La tiercéité est le régime de la règle, de la loi; mais une loi ne se manifeste qu'à travers des faits qui l'appliquent, donc dans la secondéité; et ces faits eux-mêmes actualisent des qualités, donc de la priméité.

Tandis que la secondéité est une catégorie de l'individuel, la tiercéité et la priméité sont des catégories du général; mais la généralité de la priméité est de l'ordre du possible, et celle de la tiercéité est de l'ordre de la loi, de la règle, donc du nécessaire, et par conséquent, de la prédiction. La loi de la pesanteur, par exemple, nous permet de prédire que si nous lâchons une pierre, elle tombera sur le sol. Et la loi proverbiale — qui s'est constituée à partir de l'expérience des Anciens — nous permet d'affirmer que jamais il n'y aura «de fumée sans feu». La tiercéité s'inscrit dans la continuité, elle est orientée vers le futur :

> Une loi est la manière dont un futur qui n'aura pas de fin doit continuer à être (Ch.S. Peirce, C.P. 1.536; D. p. 115).

La tiercéité est la catégorie de la pensée, du langage, de la représentation, du processus sémiotique (voir chapitre III), de la culture; elle permet la communication, la vie sociale.

2. D'UNE CATEGORIE A L'AUTRE : LE VEGETAL, L'ANIMAL ET L'HOMME

La priméité est la catégorie de la qualité; la secondéité, celle du fait, et la tiercéité, celle de la pensée et du langage. Ces trois catégories font partie de l'expérience humaine, tandis que l'animal ne pense pas, et le végétal ne pense ni n'agit :

1	2	3
qualité	fait	pensée
être	faire	dire

végétal
animal
homme

L'homme vit dans la tiercéité; il est plongé dans un univers de signes; les signes structurent sa manière de penser, d'agir et d'être; l'homme accède à la secondéité et à la priméité à travers les filtres de la tiercéité :

> L'homme ne vit plus dans un univers purement matériel, mais dans un univers symbolique. Le langage, le mythe, l'art, la religion sont des éléments de cet univers. Ce sont les fils différents qui tissent la toile du symbolisme, la trame enchevêtrée de l'expérience humaine. Tout progrès dans la pensée et l'expérience de l'homme complique cette toile et la renforce. L'homme ne peut plus se trouver en présence immédiate de la réalité; il ne peut plus la voir, pour ainsi dire, face à face. La réalité matérielle semble reculer à mesure que l'activité symbolique de l'homme progresse. Loin d'avoir rapport aux choses mêmes, l'homme, d'une certaine manière, s'entretient constamment avec lui-même. Il s'est tellement entouré de formes linguistiques, d'images artistiques, de symboles mythiques, de rites religieux, qu'il ne peut rien voir ni connaître sans interposer cet élément médiateur artificiel. Il en va dans la sphère du pratique comme dans la sphère du théorique. L'univers pratique de l'homme n'est pas non plus un univers de faits bruts où il vivrait selon ses désirs et ses besoins immédiats (E. Cassirer, 1975, pp. 43-44).

NOTE

[1] La proposition de Peirce selon laquelle «l'affirmation implique toujours la négation de quelque chose d'autre» rencontre les recherches linguistiques actuelles.
L'attention aux rapports entre le dit et le non-dit, l'explicite et l'implicite, le monde envisagé et les mondes alternatifs est devenue une des préoccupations essentielles des linguistes pragmaticiens.
On peut citer R. Martin, à propos de l'exemple de la négation :

> Dire que Pierre n'est pas revenu, c'est laisser entendre qu'il aurait pu se faire qu'il revienne : on pouvait penser qu'il reviendrait. Asserter p, c'est déclarer que p appartient à mon univers de croyance; mais c'est en même temps suggérer que p était possible, c'est-à-dire vrai dans quelque monde annihilé par le réel, devenu contrefactuel, mais qui, à un moment donné, appartenait à un univers de croyance U'. Cet univers U', distinct de mon univers actuel mais que la négation suppose et auquel, au moins implicitement, elle se réfère, cet univers dépassé ne se conserve, dans mon discours, que sous la forme d'une *image*. Asserter p, c'est donner p pour vrai dans au moins un monde d'une image d'univers. A quoi correspond une telle image? La langue ne tranche pas entre diverses hypothèses, laissées dans le *non-dit*. L'image peut être celle de mon propre univers en un temps antérieur à celui de l'énonciation; elle peut être celle d'un univers autre que le mien, ou encore celle, anonyme, d'un *on* indéfinissable. L'idée d'«assertion préalable» développée par O. Ducrot, celle d'«avant» que G. Guillaume associe à l'affirmation positive par opposition à l'«après» de la négation, celle de «néantisation» de la philosophie sartrienne, ne sont que des variantes d'une même conception de la négation. La notion d'image d'univers a seulement pour avantage de la rendre compatible avec une sémantique des mondes possibles (R. Martin, 1987, pp. 65-66).

# Chapitre 3
# Le processus sémiotique

Peirce s'applique à décrire la «semiosis», c'est-à-dire le processus par lequel de la signification se produit, pour un interprète, dans un contexte donné. Le processus sémiotique s'explique par le jeu, à différents niveaux, des trois catégories phanéroscopiques.

1. UN PROCESSUS TRIADIQUE

Le processus sémiotique est un rapport triadique entre un signe ou representamen (premier), un objet (second) et un interprétant (troisième).

Un *signe* ou *representamen* est une chose qui représente une autre chose : son objet. Avant d'être interprété, le signe est une pure potentialité : un *premier*.

Si Peirce emploie le plus souvent les termes «signe» et «representamen» comme équivalents, il établit cependant parfois une distinction : le signe est la chose donnée, telle qu'elle est, tandis que le representamen est la chose-signe considérée dans le cadre de l'analyse triadique, comme élément du processus d'interprétation.

L'*objet* est ce que le signe représente, une entité physique ou mentale. L'objet est *second* : il ne peut jamais être sans le representamen, son premier.

Il ne faut pas confondre l'objet d'un signe et sa signification :

> L'objet d'un signe est une chose, son sens (its meaning) en est une autre. Son objet est la chose ou l'occasion (...) à laquelle il s'applique ; son sens, l'idée qu'il attache à cet objet (Ch.S. Peirce, C.P. 5.6).

Le signe ne peut que représenter l'objet, il ne peut pas le faire connaître ; il peut exprimer quelque chose à propos de l'objet, à condition que cet objet soit déjà connu de l'interprète, par expérience collatérale (expérience formée par d'autres signes, toujours antécédents) :

> (L'objet d'un signe est) ce dont le signe présuppose la connaissance afin d'apporter une information supplémentaire à son sujet (Ch.S. Peirce, C.P. 2.231; trad. D. Savan, 1980, p. 15).

Par exemple, un morceau de papier rouge considéré comme échantillon (= representamen) d'un pot de peinture (= objet) n'indique que la couleur rouge de cet objet, l'objet étant supposé connu sous tous ses autres aspects (conditionnement, matière, usage...) :

```
R ─────────────────▶ O
Morceau de papier rouge    Pot de peinture rouge
```

Le morceau de papier exprime que le pot de peinture est de couleur *rouge*, mais il ne dit rien des autres aspects de l'objet. Si l'interprète sait, par ailleurs, qu'il s'agit d'un pot de peinture, alors — alors seulement — l'échantillon lui donne l'information que le pot de peinture en question doit être de couleur rouge.

L'*interprétant* est *troisième* : il opère la médiation entre le representamen (premier) et l'objet (second) :

> Le premier est agent, le second patient, le troisième est l'action par laquelle l'un influence l'autre (Ch.S. Peirce, C.P. 1.361 ; D. p. 76).

L'interprétant n'est pas l'interprète, mais le moyen que celui-ci utilise pour effectuer son interprétation. Ainsi, plusieurs interprètes peuvent donner de la même chose-signe des interprétations différentes s'ils se réfèrent à différents interprétants.

2. UN PROCESSUS ILLIMITE

Le representamen, pris en considération par un interprète, a le pouvoir de déclencher un interprétant, qui est un representamen à son tour et renvoie, par l'intermédiaire d'un autre interprétant, au même objet que le premier representamen, permettant ainsi à ce premier de renvoyer à l'objet. Et ainsi de suite, à l'infini :

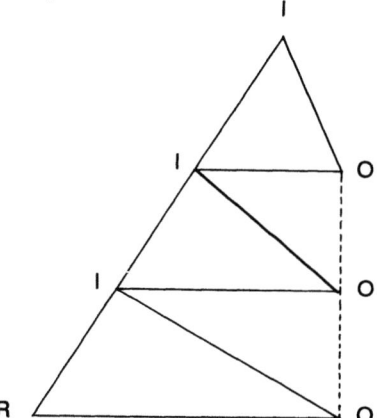

Par exemple, la définition d'un mot dans le dictionnaire est un interprétant de ce mot, parce que la définition renvoie à l'objet (= ce que représente ce mot) et permet donc au representamen (= le mot) de renvoyer à cet objet. Mais la définition elle-même, pour être comprise, nécessite une série ou, plus exactement, un faisceau d'autres interprétants (d'autres définitions)...

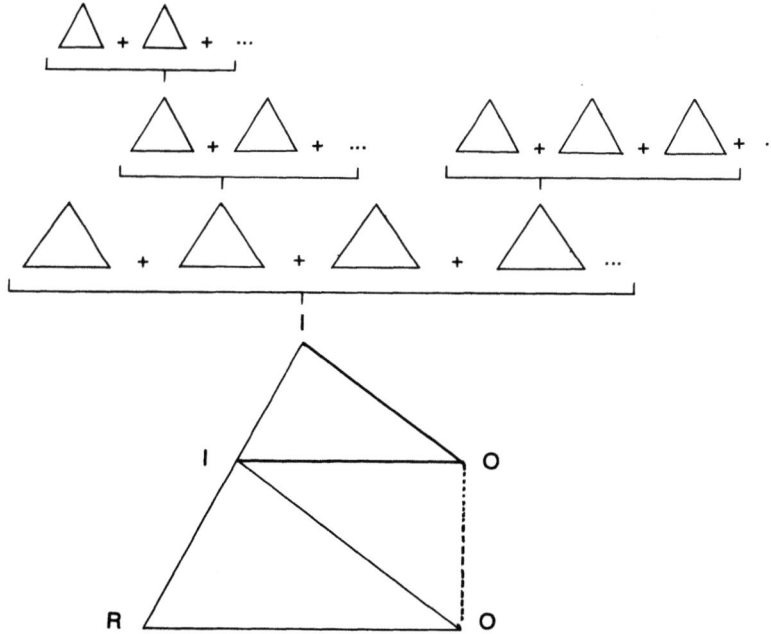

L'interprétant est un élément médiateur : il relie le representamen à l'objet, mais en même temps il manifeste l'écart — jamais comblé — entre le representamen et l'objet.

Le processus sémiotique est, théoriquement, illimité. Jamais un signe n'a de rapport transparent à son objet. Un signe se représente d'abord lui-même, dans un interprétant (il s'y reflète comme dans un miroir), pour tendre vers la représentation d'une autre chose, qui constitue son objet :

> Le sens d'un signe est le signe dans lequel il doit être traduit (Ch.S. Peirce, C.P. 4.132).

Notre pensée est faite de signes («thought in signs») :

> De quoi résulte immédiatement l'une des idées les plus profondes de Peirce, que toute pensée est inachevée, que toute pensée contient de l'implicite et du virtuel qui exigent de nouvelles pensées (J. Chenu, 1984, p. 92).

Nous sommes engagés dans un processus de pensée, toujours inachevé, et toujours déjà commencé. Peirce s'oppose à Descartes selon qui la pensée ne peut commencer qu'en faisant table rase de toute connaissance antérieure. Peirce dénonce cette illusion d'un premier commencement et critique le «Cogito» que Descartes présente comme une idée «claire et distincte». Pour Peirce, il n'y a pas d'idée isolée, car il n'y a pas de signe isolé. Suscitée par une pensée antécédente, toute pensée appelle une autre pensée qui l'interprète :

> (Il n'y a donc pas) d'idée parfaitement claire en elle-même; une idée ne peut que devenir plus claire — et plus riche — au fur et à mesure que se développe la suite des interprétants, qui en dévoilent le sens et les implications (J. Chenu, 1984, p. 124).

Dans la pratique, cependant, le processus sémiotique est limité, court-circuité par l'*habitude* — que Peirce appelle l'«interprétant logique final» — : l'habitude que nous avons d'attribuer telle signification à tel signe dans tel contexte qui nous est familier.

Ainsi, le terme «racine» renvoie, par habitude, à «l'auteur d'Andromaque» pour un professeur de littérature française, tandis que, pour un dentiste ou un mathématicien, ce même terme représente habituellement d'autres objets (cf. G. Deledalle, 1974, p. 391).

En disant, par exemple, : «Je parle d'interprétant au sens peircien du terme», le locuteur explicite le contexte auquel appartient le terme en question, de façon à déclencher immédiatement chez l'auditeur — qui connaît la théorie de Peirce ! — l'interprétant logique final.

L'habitude fige provisoirement le renvoi infini d'un signe à d'autres signes, permettant à des interlocuteurs de se mettre rapidement d'accord sur la réalité dans un contexte donné de communication. L'habitude bloque le processus sémiotique : c'est le monde des «idées toutes faites»! Mais l'habitude résulte de l'action de signes antérieurs. Ce sont les signes qui provoquent le renforcement ou la modification des habitudes.

3. L'OBJET IMMEDIAT ET L'OBJET DYNAMIQUE

L'objet d'un signe, avons-nous dit, est «ce que le signe représente». Plus précisément, Peirce distingue l'*objet dynamique* : l'objet tel qu'il est, dans la réalité, et l'*objet immédiat* : l'objet tel que le signe le représente :

> Le signe représente son objet, non sous tous ses rapports, mais par référence à une sorte d'idée que j'ai appelée quelquefois le fondement («ground») du representamen (Ch.S. Peirce, C.P. 2.228; D. p. 121).

Le *fondement* est le point de vue selon lequel le signe représente son objet. Reprenons l'exemple d'un échantillon de couleur fonctionnant comme signe de la couleur d'un pot de peinture : seule la couleur constitue le fondement, et non le fait que l'échantillon ait telle forme, telle grandeur, ou soit fait de tel matériau. L'échantillon représente le pot de peinture seulement sous le rapport «couleur». Il ne dit rien de la matière ou de la contenance du pot de peinture. Dans cet exemple, le pot de peinture est l'objet dynamique :

> (L'objet tel que) le signe ne peut l'exprimer, qu'il ne peut qu'indiquer et laisser l'interprète découvrir par expérience collatérale (Ch.S. Peirce, C.P. 8.314).

L'échantillon ne pourrait pas agir comme signe d'un pot de peinture, pour une personne qui n'aurait aucune connaissance de ce qu'est un pot de peinture. La couleur du pot de peinture constitue l'objet immédiat, étroitement lié au fondement du signe.

L'échantillon (papier de couleur rouge) renvoie à l'objet immédiat (couleur rouge du pot de peinture) par l'intermédiaire d'un interprétant (reconnaissance du trait pertinent «rouge», caractéristique commune à toute la classe des objets rouges)[1] :

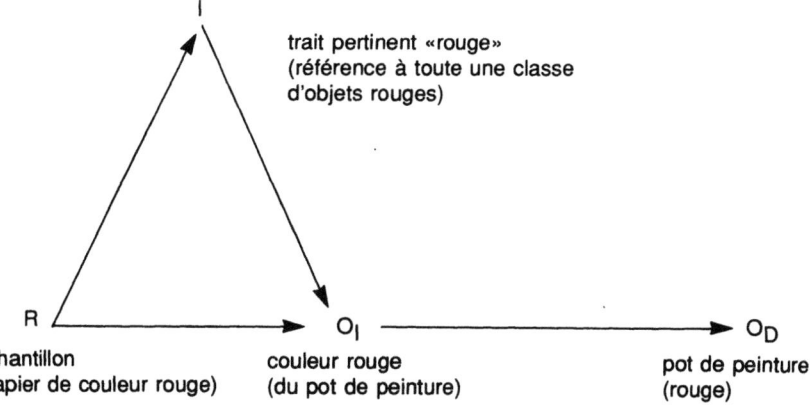

C'est l'objet dynamique qui détermine le representamen à le représenter sous un certain point de vue, celui de l'objet immédiat. Dans notre exemple, c'est le pot de peinture rouge (dans la réalité) qui détermine le choix d'un papier de couleur rouge comme échantillon. Et cet échantillon (representamen) représente le pot de peinture réel (objet dynamique) sous le point de vue de l'objet immédiat : la couleur rouge (du pot de peinture).

On peut, en suivant P. Thibaud (1983), figurer sur le schéma suivant les rapports entre «ground», «representamen», «objet immédiat» et «objet dynamique» (où O_D, O_I, G, R, I désignent respectivement l'objet dynamique, l'objet immédiat, le ground, le representamen et l'interprétant) :

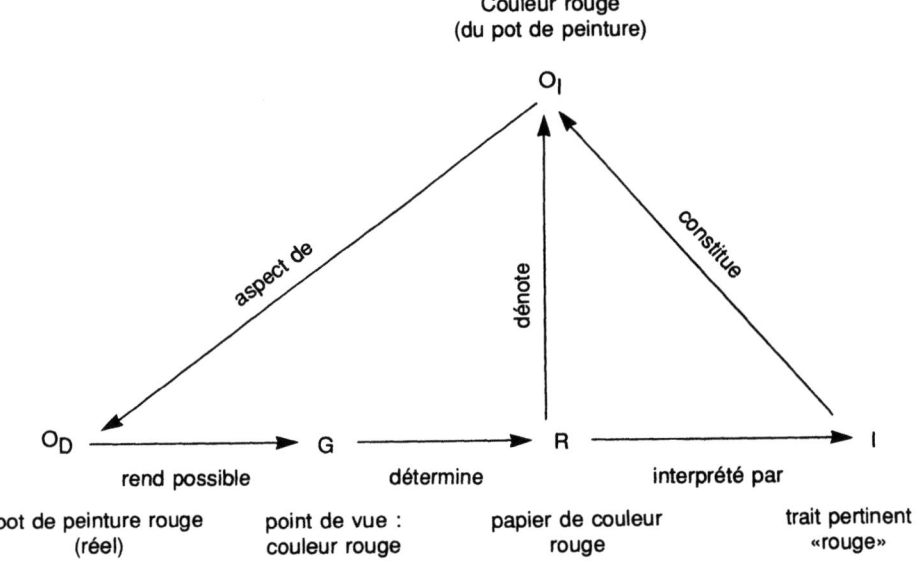

On voit que c'est sous la pression du monde (en tant qu'objet dynamique) que le signe représente le monde (en tant qu'objet immédiat).

Un même objet dynamique peut être considéré sous de multiples points de vue; il peut donc déterminer une infinité de signes : le pot de peinture (comme objet dynamique), par exemple, peut déterminer comme representamen un pot vide d'un litre pour représenter la contenance d'un litre (trait pertinent sélectionné par l'interprétant) du pot de peinture (en tant qu'objet immédiat).

P. Thibaud complète dès lors son schéma de la façon suivante (où les flèches en pointillés indiquent l'introduction de l'infini) :

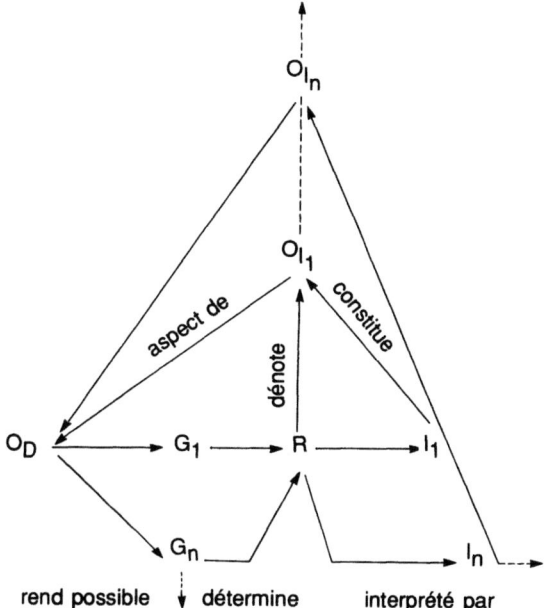

Nous avons dit que l'interprète devait avoir une connaissance préalable de l'objet dynamique pour que le representamen puisse le lui indiquer :

<blockquote>L'objet est bien, pour Peirce, la connaissance que nous possédons déjà d'une chose et qui nous permet de la concevoir comme signe (Th. Calvet de Magalhaes, 1981, p. 164).</blockquote>

Mais en fait, nous n'avons connaissance que de signes : l'objet dynamique est lui-même un signe. Et c'est parce qu'il est lui-même un signe, qu'il peut déterminer un signe à le représenter. Car un signe ne peut être produit que par un autre signe :

<blockquote>L'objet doit être capable de communiquer la pensée, c'est-à-dire doit avoir la nature de la pensée ou d'un signe. Toute pensée est un signe (Ch.S. Peirce, C.P. 1.538; D. p. 115).</blockquote>

Pasolini rejoint, dans une formulation différente (il parle de «signifié», plutôt que d'objet), le point de vue de Peirce, lorsqu'il écrit :

<blockquote>En réalité, il n'y a pas de «signifié» : *parce que même le signifié est un signe* (...) Oui, ce chêne que j'ai devant moi n'est pas le «signifié» du signe écrit-parlé «chêne» : non, ce chêne physique, ici devant mes sens, est lui-même un signe : un signe non écrit-parlé, bien sûr, mais iconico-vivant, ou tel qu'on voudra bien le définir (P.P. Pasolini, 1976, p. 240).</blockquote>

L'objet dynamique fait partie du réel, mais le «réel» est défini par Peirce comme la limite du «connaissable», ce qui serait connu par une pratique sémiotique illimitée. L'objet dynamique n'est donc pas un «référent» extérieur au processus de la semiosis, il est lui-même un produit de l'action du signe.

C'est parce que le réel a la structure d'un signe que nous pouvons, par simple ostension d'une chose réelle, produire un signe. Comme le dit U. Eco, l'ostension est le premier niveau de la signification active, et c'est la première convention employée par deux personnes qui ne connaissent pas la même langue :

> L'*ostension* a lieu quand un objet ou un événement donné, produit de la nature ou de l'action humaine (intentionnellement ou inintentionnellement), fait parmi les faits, est «sélectionné» par un individu et désigné pour exprimer la classe des objets dont il est membre (U. Eco, 1978, p. 172).

Ainsi, nous pouvons montrer un pot de peinture «réel» comme «signe» d'un pot de peinture. A la question «Que dois-je acheter?», nous pouvons répondre «ceci» en montrant un pot de peinture réel. Le pot de peinture montré devient un representamen qui renvoie à l'objet immédiat : pot de peinture type. L'interprétant est la référence à toute la classe des pots de peinture, classe plus ou moins large selon les circonstances exactes de la communication-interprétation : celle des pots de peinture en général, sans restriction, ou une classe plus restreinte des pots de peinture de telle marque, et/ou de telle couleur, et/ou de telle contenance. Nous pouvons inscrire notre exemple sur le schéma :

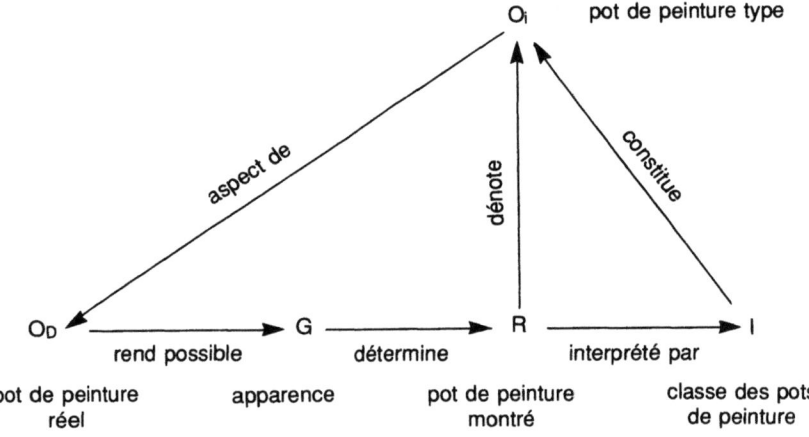

Remarquons que, même dans une œuvre de fiction, l'écart subsiste entre l'objet immédiat d'un signe et son objet dynamique. Pensons au statut d'un «personnage» dans un récit, par exemple, le «Petit Poucet». Ce personnage n'a d'existence que dans le conte qui parle de lui. Il n'existe pas «en réalité». Cela entraîne-t-il qu'on puisse considérer, dans ce cas, l'objet immédiat comme équivalent à l'objet dynamique?

Nous ne le pensons pas, contrairement à M. Bertrand (1986) qui considère que, dans la sémiose littéraire, l'objet est entièrement donné, défini et circonscrit par le representamen :

> Dans un tel parcours sémantique, O ne déborde pas R, ou plus exactement O_D, l'objet dynamique et extérieur, ne déborde pas O_I, l'objet immédiat dans le signe; mais R produit O_I, son sens, comme un semblant d'O_D (M. Bertrand, 1986, p. 131).

M. Bertrand oppose la sémiose informative dans laquelle l'objet (le référent extérieur) produit le representamen ($O \rightarrow R$), et la sémiose littéraire dans laquelle c'est le representamen qui produit l'objet ($R \rightarrow O$).

Nous admettons que c'est bien le representamen «Petit Poucet» qui, introduit au début du récit, produit, à l'aide de ses seuls pouvoirs représentatifs, l'objet «personnage Petit Poucet». Cependant il s'agit là d'un objet immédiat, représenté dans le signe; et cet objet immédiat renvoie à un objet dynamique : le personnage Petit Poucet chargé de toutes les propriétés qu'il est susceptible de recevoir au cours du récit.

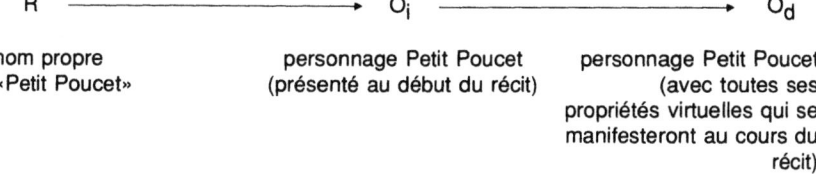

R	O_i	O_d
nom propre «Petit Poucet»	personnage Petit Poucet (présenté au début du récit)	personnage Petit Poucet (avec toutes ses propriétés virtuelles qui se manifesteront au cours du récit)

Le nom propre ne fait qu'indiquer le personnage Petit Poucet, dont la connaissance en tant que personnage est présupposée : le nom propre ne pourrait pas représenter le personnage Petit Poucet pour un lecteur qui n'aurait aucune connaissance préalable de ce qu'est un «personnage dans un récit».

C'est sous la pression de l'O_D (situé dans le monde possible du récit) que le signe représente l'O_I.

Si, dans l'œuvre littéraire, comme le veut M. Bertrand, l'objet immédiat produit par le representamen était équivalent à l'objet dynamique, s'il n'y avait plus de débordement du signe, si la sémiose littéraire était cette sémiose parfaite «où se réalise la complète adéquation de R et de O», ce serait une sémiose bloquée, dans laquelle le signe accéderait «à l'autonomie et à un semblant de créativité», mais il n'y aurait alors plus rien à découvrir, ni pour l'auteur d'une œuvre littéraire, ni pour son lecteur.

Bien au contraire, nous considérons la littérature — et toute autre recherche artistique — comme un processus effectivement créatif apportant de la connaissance nouvelle, encore informulée, à l'aide de signes qui produisent des objets immédiats comme autant de crampons visant à saisir des objets dynamiques jamais totalement circonscrits.

4. UNE ARTICULATION TRICHOTOMIQUE

Le processus sémiotique met en relation trois termes : le representamen (premier), l'objet (second) et l'interprétant (troisième); chacun de ces termes se subdivise à son tour selon les trois mêmes catégories : on distinguera donc la priméité, la secondéité et la tiercéité dans le representamen, dans le mode de renvoi du representamen à l'objet, et dans la façon dont l'interprétant opère la relation entre le representamen et l'objet.

Nous allons développer successivement chacune de ces subdivisions trichotomiques, en les illustrant au fur et à mesure d'exemples, de façon à assurer une compréhension progressive du modèle. Il ne faut pas perdre de vue cependant que ces exemples resteront incomplets aussi longtemps que nous n'aurons pas mis en rapport toutes les subdivisions. Un signe ne se définit pas, en effet, par une seule trichotomie, mais par une relation dynamique et hiérarchisée entre les trois trichotomies.

Au cours du développement qui va suivre, le lecteur pourra se référer — s'il perd le fil — au schéma récapitulatif de la page 93, où sont inscrits tous les termes que nous allons expliquer.

4.1. LA TRICHOTOMIE DU REPRESENTAMEN

Un representamen peut appartenir à la catégorie du possible (priméité), du réel (secondéité) ou de la loi (tiercéité). Suivant cette première trichotomie, le signe est appelé *qualisigne, sinsigne* ou *légisigne*.

4.1.1. LE QUALISIGNE

Le qualisigne est un signe dont le fondement est une *qualité*. C'est une qualité qui fonctionne comme signe. Bien sûr, une qualité ne peut pas réellement agir comme signe sans se matérialiser dans une chose ou un événement réel, mais cette matérialisation, précise Peirce, n'a rien à voir avec son caractère de signe :

> Quand l'aveugle de l'histoire disait qu'il pensait que l'écarlate devait être quelque chose comme le son d'une trompette, il avait très bien saisi son éclat (Ch.S. Peirce, C.P. 1.313).

Ainsi, un qualisigne tel que l'«éclat» peut être matérialisé de façon équivalente dans une couleur «écarlate» ou dans un son de «trompette». Le «rouge», le «beau», la «peine», le «rythme»... peuvent agir comme qualisignes. Mais l'action du qualisigne ne peut être saisie que par un processus d'épuration, de décantation, qui abstrait la qualité du réel dans lequel elle se trouve matérialisée :

> La critique de la connaissance montre que la simple sensation par laquelle n'est jamais posée qu'une qualification sensible, sans aucune forme d'ordre, n'est en aucune manière un «fait» de l'expérience immédiate, et doit être au contraire considérée uniquement comme le produit d'une abstraction (E. Cassirer, 1972, p. 151).

Saisir une qualité, en prendre connaissance — c'est-à-dire la faire agir comme signe : comme «qualisigne» — n'est possible qu'en contemplant cette qualité comme une totalité, comme un «premier», donc en l'isolant, abstraction faite des circonstances spatio-temporelles dans lesquelles elle se manifeste.

Et communiquer le qualisigne ainsi éprouvé n'est possible qu'en le reproduisant dans une matérialité autre. Le sens d'un signe est le signe dans lequel il peut être traduit... On ne peut approcher un qualisigne qu'en le reflétant, en l'imitant, en le transposant (dans du «même»).

Ainsi, dans une perspective pédagogique de sensibilisation aux formes architecturales, notre collègue F. Soris, architecte, amène les étudiants à sélectionner visuellement, dans des bâtiments réels, une qualité rythmique (un qualisigne), qu'ils transposent ensuite en maquettes et graphismes. Cette démarche est présentée dans un petit ouvrage remarquable, dont nous reprenons les exemples suivants :

Cathédrale Notre-Dame de Paris.
Des façades latérales nous avons sélectionné visuellement les découpes des fenêtres hautes et basses. Elles sont rythmes ceignant tout l'édifice.

1 Cathédrale Notre-Dame de Laon. Nefs. De véritables dessins à l'échelle des foules.
2 Façade d'une cathédrale gothique. Concentration linéaire évoquant l'aspect dynamique des façades gothiques. Beaucoup plus que la présentation de sa valeur objective, c'est l'essentiel de son mouvement, de son geste que nous avons explicité.
3 Façade de la Grand-Place de Bruxelles. Nous avons extrait de l'écran, qu'est une façade, cet ensemble linéaire. Elle devient alors une grille aux vastes dimensions.

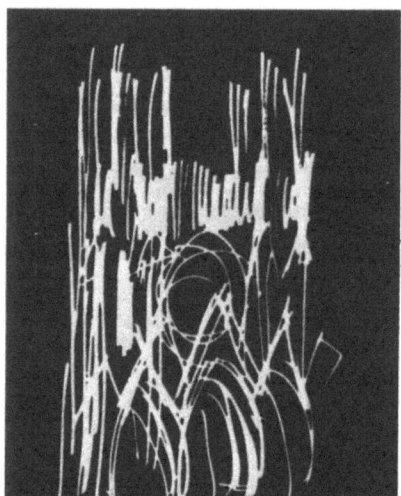

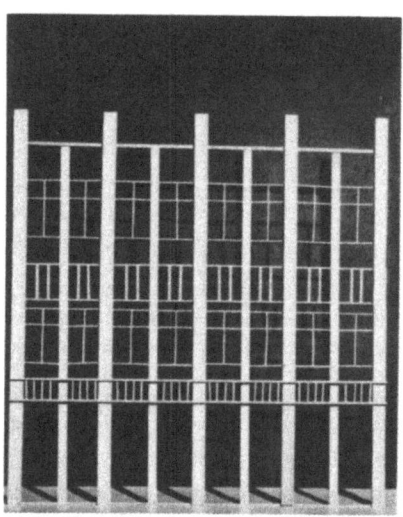

La colonne, l'arcade, la fenêtre sont devenues des lignes sillonnant des surfaces. Du pilastre nous ne garderons que la verticale qu'il offre à notre œil, de l'arc ce trait courbé, de la baie non point la percée du mur mais le dessin formé par elle sur la surface support. Les éléments architecturaux les plus divers interviennent dans cette vision non comme réalité objective mais en tant que majestueux tracé. Il est agréable à notre œil de se détacher pour un temps de l'aspect purement réel des choses pour les aborder suivant une vision qui nous permette d'élargir nos sensations visuelles (F. Soris, 1968).

Nous sommes ainsi faits que nous avons à exercer nos sens afin d'élargir nos sensations. Les qualités des phénomènes sont infiniment variées, et beaucoup nous sont sans doute complètement inconnues, car nos sens sont atrophiés :

Il est certain que nous connaissons seulement les qualités que les sens dont nous sommes pourvus sont adaptés à révéler; et l'on peut difficilement douter que l'effet spécialisant du processus évolutif qui a fait de nous ce que nous sommes a été de faire disparaître la plus grande partie des sens et des sensations qui étaient autrefois à peine senties et de faire ressortir le reste avec éclat et clarté (Ch.S. Peirce, C.P. 1.418; D. p. 80).

N'importe quoi, aussi complexe et hétérogène soit-il, a sa qualité sui generis, sa possibilité de sensation, si seulement nos sens voulaient y répondre... (Ch.S. Peirce, C.P. 1.426; D. p. 92).

4.1.2. LE SINSIGNE

Comme son nom l'indique (la syllabe *sin* est prise comme signifiant «étant seulement une fois», comme dans *singulier, simple*, en latin *semel*, etc.), un sinsigne est une chose ou un événement *réel*, spatio-temporellement déterminé, qui fonctionne comme signe. Ce sont les circonstances particulières dans lesquelles se situe la chose ou l'événement, qui constituent le fondement du signe.

Une girouette, orientée ici et maintenant de telle façon, est un sinsigne indiquant que le vent, ici et maintenant, souffle dans telle direction. Le portrait d'une personne est un sinsigne qui représente cette personne. L'escalier ici présent est un sinsigne indiquant une possibilité actuelle de monter ou de descendre.

Tout sinsigne comprend des qualisignes réellement matérialisés, que nous pouvons toujours dégager par abstraction : nous pouvons nous absorber dans la contemplation du «rouge» de ce portrait, du matériau ou de la forme de cet escalier...

4.1.3. LE LEGISIGNE

Le légisigne est un signe dont le fondement est une *loi*. Une loi établie *a priori*, par convention, décision arbitraire; ou *a posteriori*, par habitude.

La loi de la pesanteur, celle de la résistance des matériaux sont des légisignes. Tous les signes conventionnels, qui font partie d'un système, sont des légisignes : les mots de passe, les insignes, les billets d'entrée à un spectacle, les signaux du code de la route, ... les mots de la langue sont des légisignes.

Les légisignes, cependant, ne peuvent agir qu'en se matérialisant dans des sinsignes qui constituent des «répliques».

Ainsi, l'article «le» est un légisigne, déterminé par un ensemble de règles phonétiques, syntaxiques, sémantiques et pragmatiques, qui précisent quand et comment ce mot peut être employé. Mais il ne peut être employé que par l'intermédiaire de la voix ou de l'écriture qui le matérialise. Matérialisé dans des sinsignes, il comprend également des qualisignes, comme l'intonation dans la réplique orale ou la forme des lettres dans la réplique écrite.

Une réplique est un sinsigne d'un genre particulier, dont la signification dépend du légisigne qui le sous-tend. Tous les mots «le» écrits dans ce livre sont autant de sinsignes (nous pouvons les compter; ils occupent des positions spatio-temporelles différentes) qui n'auraient aucune signification sans les règles de la langue française. Ce sont les règles de la langue qui nous permettent de distinguer, parmi les sinsignes «le» rencontrés dans ce texte, ceux qui sont des répliques du légisigne «article masculin singulier» ou du légisigne «pronom personnel complément de la troisième personne».

Nous ne pouvons appréhender aussi bien les légisignes que les qualisignes qu'à travers des sinsignes qui les incarnent. Mais il s'agit d'incarnations différentes : le rapport entre le légisigne et sa réplique diffère du rapport entre le qualisigne et le sinsigne qui le matérialise. Un légisigne est un «type» général, rigoureusement défini, qui se retrouve identique sous des apparences (des occurrences : «tokens») diverses, tandis que le qualisigne n'a pas d'identité stricte :

> La différence entre un légisigne et un qualisigne, qui ne sont ni l'un ni l'autre des choses individuelles, est qu'un légisigne a une identité bien déterminée, bien qu'il admette d'ordinaire une grande diversité d'apparences. Ainsi, &, *et* et le son ne forment tous qu'un seul mot. Le qualisigne par contre n'a aucune identité. C'est la pure qualité d'une apparence et il n'est pas exactement le même lorsqu'il réapparaît une seconde fois. Au lieu de l'identité, il a une *grande similitude* et ne peut différer beaucoup sans qu'on le considère comme un tout autre qualisigne (Ch.S. Peirce, C.P. 8.334; D. p. 31).

4.2. *LA TRICHOTOMIE DE L'OBJET*

Un representamen peut renvoyer à son objet selon la priméité, la secondéité ou la tiercéité, c'est-à-dire par un rapport de similarité, de contiguïté contextuelle ou de loi. Suivant cette trichotomie, le signe est appelé respectivement une *icône*, un *indice* ou un *symbole*.

4.2.1. L'ICONE

4.2.1.1. LA SIMILARITE DE LA PRIMEITE

Un signe renvoie à son objet de façon iconique lorsqu'il ressemble à son objet. Il ne peut y avoir, en effet, dans la priméité, que de la similarité : la priméité n'admet pas de deuxième terme, pas d'«autre»; elle est de l'ordre du «même», de la totalité. Dans l'icône pure, il n'y a pas de distinction entre le representamen et son objet : une odeur de rose ne renvoie qu'à elle-même, un simple trait au crayon sur une feuille de papier ne ressemble à rien d'autre qu'à un trait au crayon...

4.2.1.2. LE REPRESENTAMEN D'UNE ICONE

Le representamen d'une icône peut être un qualisigne, un sinsigne ou un légisigne.

4.2.1.2.1. Le qualisigne iconique

Le sentiment produit par l'exécution d'un morceau de musique est l'icône... de ce morceau de musique. Une odeur de rose est l'icône... de cette odeur de rose.

A un autre niveau d'analyse, nous pouvons dire que l'odeur de rose, perçue dans un contexte déterminé, est le signe de la présence d'un parterre ou d'un bouquet de roses, mais nous quittons alors le domaine de la priméité, nous passons de l'icône à l'indice : nous considérons l'odeur de rose, non plus comme une qualité, mais comme un événement.

Pour ne considérer que le qualisigne iconique, nous pouvons reprendre l'exemple de Condillac, qui imagine une statue miraculeusement douée d'odorat. Elle sent une odeur de rose, mais elle ne fait que cela; pour le reste, elle n'est qu'une statue ordinaire, incapable de réfléchir au fait de sa sensation. Pour une telle statue, l'odeur de rose n'est nullement le signe de la rose, elle n'est que le signe d'elle-même, elle est égale à elle-même : le representamen = l'objet.

Le qualisigne iconique constitue l'état-limite du signe, puisqu'il ne représente pas autre chose que lui-même. Pour cette raison, U. Eco lui refuse le statut de phénomène sémiotique, préférant le considérer comme une cas de stimulation qui relève de la physiologie du système nerveux :

> Nous proposons de ne pas considérer comme iconiques ce que l'on appelle des signes «expressifs», c'est-à-dire ces artifices dans lesquels le signal en lui-même semble pouvoir «provoquer» une impression déterminée de ressemblance entre son expression et une émotion donnée. Beaucoup d'artistes (Kandinsky par exemple) ont théorisé le fait qu'une certaine ligne puisse «exprimer» un sentiment de force ou de faiblesse, d'équilibre ou de déséquilibre, et ainsi de suite (U. Eco, 1978, p. 159).

Nous ne suivrons pas le point de vue de U. Eco, qui ampute, nous semble-t-il, le système percien d'une de ses catégories : la priméité pure. Or le processus par lequel nous approchons le qualisigne iconique nous apparaît essentiellement d'ordre sémiotique : un processus d'abstraction et de transposition. Il ne s'agit pas d'une priméité instinctive, mais d'une qualité que l'homme appréhende à travers les grilles de sa culture.

4.2.1.2.2. Le sinsigne iconique

Un trait au crayon ou une tache de couleur sont les icônes d'un trait au crayon ou d'une tache de couleur. Le portrait de telle personne est l'icône de cette personne. Le dessin schématique d'un homme est l'icône d'un homme en général. Une maquette est l'icône d'un bâtiment construit ou à construire. Dans ces exemples, le trait au crayon, la tache de couleur, le portrait, le dessin ou la maquette sont des choses réelles, spatio-temporellement déterminées (donc des sinsignes), qui donnent une image de leur objet, qui représentent leur objet par un rapport de similarité (donc des icônes).

La similarité est totale dans le cas du trait au crayon ou de la tache de couleur : le representamen est égal à l'objet immédiat, et celui-ci est égal à l'objet dynamique :

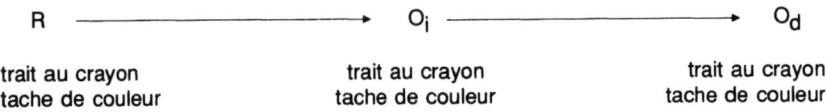

Dans les autres cas, la similarité est partielle, liée au fondement du signe : le dessin schématique d'un homme ne représente que les traits pertinents (fixés par des conventions culturelles) qui permettent de reconnaître un homme-type ; la maquette ne représente pas le bâtiment sous tous ses aspects mais seulement sous l'aspect de la structure :

LE PROCESSUS SEMIOTIQUE 55

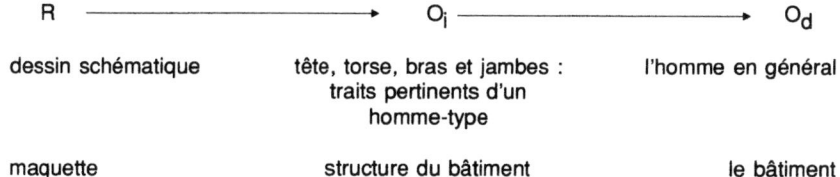

R	O_i	O_d
dessin schématique	tête, torse, bras et jambes : traits pertinents d'un homme-type	l'homme en général
maquette	structure du bâtiment	le bâtiment

Les sinsignes iconiques peuvent être produits techniquement, volontairement, comme dans les exemples donnés jusqu'ici ; ils peuvent aussi apparaître naturellement : l'ombre d'un homme sur le sol, son image reflétée dans une pièce d'eau, l'empreinte d'un pied sur le sable... L'empreinte se maintient en l'absence de l'objet qui l'a motivée, tandis que, dans le cas de l'ombre et du reflet, l'icône n'a pas de permanence : elle disparaît en même temps que son objet. C'est pourquoi U. Eco (1978, p. 158) considère que le reflet spéculaire n'est pas «à la place d'autre chose», mais seulement «face à autre chose», et n'est donc pas un «signe». Nous pensons, au contraire, que le reflet peut très bien fonctionner comme signe, représentant son objet, même si cet objet est présent simultanément dans le champ de vision du récepteur.

Peirce distingue trois degrés dans les sinsignes iconiques : les images, les graphes et les métaphores.

Dans les *images* (exemples vus jusqu'ici), la similarité entre le representamen et l'objet repose sur de simples qualités ou propriétés : une maquette (representamen) exprime la structure (propriété) d'un bâtiment (objet).

Les «*graphes*» (diagrammes, équations algébriques) sont des sinsignes iconiques qui représentent leur objet par une analogie de relations entre leurs parties respectives :

Beaucoup de diagrammes ne ressemblent pas du tout à leurs objets, à s'en tenir aux apparences ; leur ressemblance consiste seulement dans les relations de leurs parties. Ainsi nous pouvons exprimer la relation entre les différentes sortes de signes par une accolade comme ceci :

```
             icônes
Signes    indicesR       symboles
```

Ce diagramme est une icône. Mais le seul aspect sous lequel il ressemble à son objet est que l'accolade montre que les classes des *icônes, indices* et *symboles*, sont en relation les unes avec les autres et avec la classe générale des signes, comme elles le sont réellement, d'une manière générale.

Quand, en algèbre, nous écrivons des équations les unes en dessous des autres, et en particulier quand nous mettons des lettres semblables pour des coefficients correspondants, cet arrangement est une icône. En voici un exemple :

$a_1x + b_1y = n_1,$

$a_2x + b_2y = n_2.$

Ceci est une icône, en ce qu'il fait qu'apparaissent semblables des quantités qui sont dans des relations analogues avec le problème. En fait, toute équation algébrique est une icône dans la mesure où elle *montre*, au moyen de signes algébriques (qui ne sont pas eux-mêmes des icônes) les relations des quantités en question (Ch.S. Peirce, C.P. 2.282; D. p. 152).

Les *métaphores* sont également des sinsignes iconiques, qui représentent leur objet par un parallélisme avec quelque chose d'autre. Ainsi, les dessins de H. Schocken (voir page suivante) représentent la chapelle de Ronchamp par un parallélisme avec des mains jointes, un paquebot, un canard, une coiffe de religieuse ou une mère et son enfant.

LE CORBUSIER, Chapelle de Ronchamp

Les métaphores dessinées par H. Schocken
(extrait de Ch. Jencks, 1978, p. 49).

4.2.1.2.3. Le légisigne iconique

Le fonctionnement du légisigne repose sur une loi : une convention ou une habitude culturelle.

Les schémas graphiques utilisés dans la signalisation internationale (aéroports, guides de voyage, etc.) tendent à s'organiser en code, donc à se constituer en *légisignes* : il n'est plus possible de concevoir un nouveau pictogramme pour indiquer une salle d'attente, une sortie de secours, un restaurant ou des toilettes, sans tenir compte des signes existants, qui se sont établis par l'habitude. Il existe des dictionnaires de signes graphiques (par exemple, celui de H. Dreyfuss). Ces légisignes sont *iconiques* : ce sont des *images* qui représentent les traits pertinents de la situation à communiquer.

Voici deux pictogrammes indiquant la «sortie». Même si le premier apparaît plus figuratif, et l'autre plus abstrait, ils constituent tous deux des signes iconiques, car ils représentent leur objet par une analogie de propriétés, ils reposent sur la sélection des mêmes traits pertinents : un lieu (d'où l'on sort) et une direction (opposée à ce lieu). Ces traits pertinents sont traduits, dans les deux exemples, par des éléments graphiques différents mais équivalents :

– Dans le premier exemple, le lieu d'où l'on sort est indiqué par une barre verticale, et la direction est marquée par l'orientation de la silhouette d'un homme.

– Dans le deuxième exemple, le lieu est représenté par un rectangle dont un côté est ouvert en son milieu, et la direction est marquée par la flèche.

Considérons le schéma graphique suivant : à première vue, ce dessin est un sinsigne qui représente iconiquement l'objet «verre». Mais placé sur une caisse, il entre dans le code des pictogrammes et devient une réplique du légisigne qui signifie «fragile», en représentant iconiquement une espèce (un verre) du genre (les objets fragiles).

Les alphabets graphiques internationaux sont constitués également de légisignes iconiques. Voici quelques exemples extraits du «Semantography» élaboré par Ch.K. Bliss (Australie, 1950) :

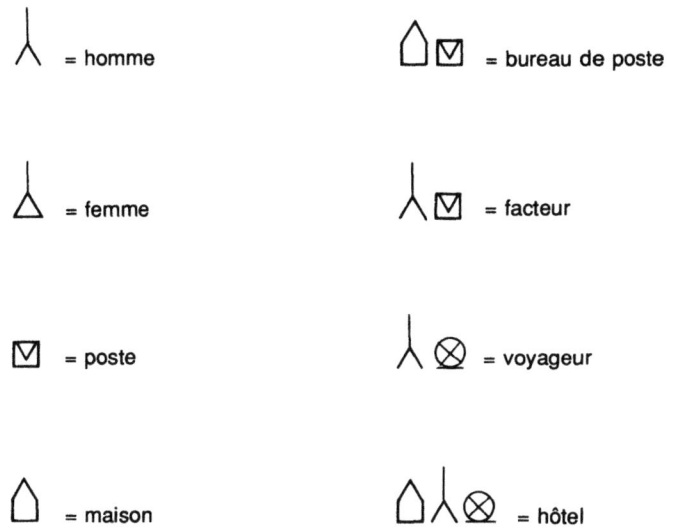

Sont également des légisignes iconiques, les *diagrammes*-types, en tant que constructions graphiques obéissant à des règles précises (système mis au point par J. Bertin, 1967); et les modèles théoriques élaborés dans les recherches scientifiques (en sémiotique narrative, par exemple, le «modèle actantiel» ou le «carré sémiotique»).

Les légisignes iconiques peuvent aussi être des *métaphores* conventionnelles, comme les figures allégoriques représentant le «temps» sous les traits d'un vieillard à longue barbe, porteur d'une faux et d'un sablier; ou la «justice» sous l'apparence d'une femme, les yeux bandés et richement vêtue, tenant un glaive et une balance...

4.2.1.3. LE POUVOIR HEURISTIQUE D'UNE ICONE

Les signes iconiques ont le pouvoir de révéler des vérités inattendues. Leur observation directe apporte à l'interprète une connaissance nouvelle :

> Une des grandes propriétés distinctives de l'icône est que par son observation directe peuvent être découvertes concernant son objet d'autres vérités que celles qui suffisent à déterminer sa construction (Ch.S. Peirce, C.P. 2.279; D. p. 150).

Ce pouvoir de découverte caractérise tous les signes iconiques : qualisignes, sinsignes et légisignes.

1) C'est l'expérience intense de *qualisignes iconiques* qui révèle à Proust «quelque chose qui, commun à la fois au passé et au présent, est beaucoup plus essentiel qu'eux deux» : le visage éternel de l'être. F. Alquié, dans *La conscience affective*, résume le passage où Proust relate cette découverte. Nous reprenons ici son résumé :

> Proust, invité à une matinée, entre dans la cour de l'hôtel de Guermantes, et, reculant vivement devant une voiture, pose son pied sur un pavé «un peu moins élevé que le précédent». A ce moment, et de façon semblable à ce qu'il avait senti en goûtant, autrefois, à une madeleine, il éprouve un singulier ravissement, au sein duquel «toute inquiétude sur l'avenir, tout doute intellectuel» sont «dissipés». Il tente alors, dans la cour d'abord, dans un salon d'attente ensuite, de découvrir le secret de cette joie. Et il s'aperçoit que la sensation éprouvée sur les deux pavés inégaux dans la cour de l'hôtel de Guermantes lui a restitué, en sa richesse concrète, un instant de son séjour à Venise, par la reviviscence de la «sensation ressentie jadis sur deux dalles inégales du baptistère de Saint-Marc». Par la suite, le bruit fait par un domestique heurtant une «cuiller contre une assiette» lui rend la vision d'un bois dans lequel son train s'était autrefois arrêté, par analogie avec le «bruit du marteau d'un employé qui avait arrangé quelque chose à une roue». Une serviette prise pour s'essuyer la bouche ayant «précisément le genre de raideur et d'empesé» que présentait le linge avec lequel il s'était séché à Balbec, le voilà en vue de la plage, de la digue, de la mer. Et Proust comprend que ce qu'il éprouve alors n'a rien de commun avec les souvenirs de Venise, de Balbec, de Combray qu'il avait souvent cherché à évoquer. Son ravissement provient de ce qu'il ressent ses impressions «à la fois dans le moment actuel et dans un moment éloigné, jusqu'à faire empiéter le passé sur le présent», à l'amener lui-même à «hésiter à savoir dans lequel des deux il se trouve». «Au vrai, écrit-il, l'être qui alors goûtait en moi cette impression la goûtait en ce qu'elle avait d'extra-temporel»» (F. Alquié, 1979, pp. 136-137).

Ce passage rapporte trois exemples de reviviscence de sensations, d'ordre kinésique d'abord, puis auditif, et enfin tactile. Dans chacun de ces trois domaines sensoriels, un même qualisigne est vécu dans deux matérialisations différentes.

La reviviscence de la sensation, précise Proust, n'a rien de commun avec un souvenir. En effet, le souvenir implique un retour dans le passé, donc dans la secondéité des événements datés, tandis que la reviviscence appréhende la sensation comme un pur qualisigne iconique, qui ressemble à lui-même, dans le présent intemporel de la priméité. C'est la similarité propre à l'icône qui fait découvrir à Proust «le visage éternel de l'être», hors du temps chronologique. Cette découverte lui apporte un bonheur total, au sein duquel mourir n'importe plus.

2) Les *sinsignes iconiques* sont également riches en découvertes potentielles... Une photographie peut révéler des détails inaperçus au moment de la prise de vue (cf. le film *Blow up* d'Antonioni). Les dessins

d'architecture dont nous avons parlé, exprimant par exemple le rythme d'une façade, ont un but pédagogique de sensibilisation aux formes architecturales, de stimulation de la perception. En cours d'élaboration d'un projet, l'architecte matérialise ses intentions dans une série de croquis, qui lui suggèrent en retour de nouvelles possibilités :

> Un autre exemple de l'usage d'une ressemblance est le dessin que trace un artiste d'une statue, d'une composition picturale, d'une élévation architecturale ou d'un élément de décoration, par la contemplation duquel il peut découvrir si ce qu'il projette sera beau et satisfaisant (Ch.S. Peirce, C.P. 2.281; D. p. 151).

3) Enfin, ce sont des modèles théoriques (des *légisignes iconiques*) qui sont à l'origine de bien des découvertes scientifiques. Ainsi, L. Euler (1707-1783) justifie de la façon suivante l'emploi des représentations géométriques dans des démonstrations logiques :

> Ces figures rondes, ou plutôt ces espaces (car il n'importe quelle figure nous leur donnons) sont très propres à faciliter nos réflexions sur cette matière, et à nous découvrir tous les mystères dont on se vante dans la logique, et qu'on y démontre avec bien de la peine, pendant que, par le moyen de ces figures, tout saute d'abord aux yeux (L. Euler, cité par R. Blanché, 1970, pp. 235-236).

Les recherches scientifiques, les raisonnements de type mathématique ou philosophique utilisent des configurations représentatives d'états de choses possibles, pour en tirer des connaissances nouvelles. En sémiotique narrative, par exemple, le «carré sémiotique» aide à découvrir les rapports entre les valeurs en jeu dans un univers sémantique donné, et le «modèle actantiel», complété de la «syntaxe narrative», permet de saisir une logique du comportement humain et des relations sociales dans une circonstance déterminée.

4.2.2. L'INDICE

4.2.2.1. *LA CONTIGUITE DE LA SECONDEITE*

L'indice, étant de l'ordre de la secondéité, suppose la distinction d'un premier (le representamen) et d'un second (l'objet), en relation contextuelle. Un signe renvoie à son objet de manière indicielle lorsqu'il est réellement affecté par cet objet. Ainsi, la position d'une girouette est causée par la direction du vent : elle en est l'indice; un coup frappé à la porte est l'indice d'une visite; un niveau indique l'horizontalité, et un fil à plomb, la verticalité; le symptôme d'une maladie est l'indice de cette maladie.

Il y a un mouvement de retour en arrière dans le fonctionnement du signe indiciel, un retour de l'effet vers la cause :

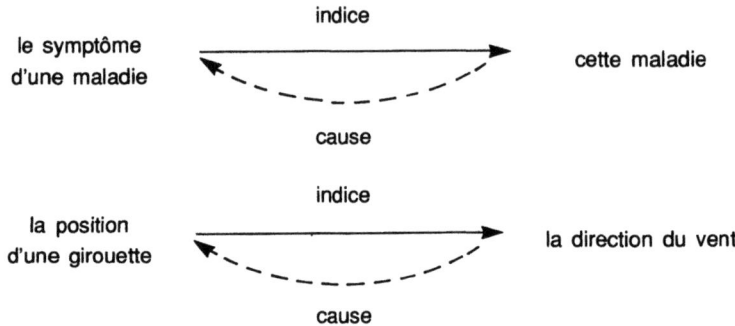

L'indice est un fait immédiatement perceptible qui attire l'attention sur son objet, lequel n'est pas immédiatement perceptible :

> Quand un cocher, pour attirer l'attention d'un piéton et éviter de le heurter, crie «Eh!», dans la mesure où le son est un mot significatif, il est, comme on le verra plus loin, plus qu'un indice; mais, dans la mesure où il n'a pour effet que d'agir sur le système nerveux de l'auditeur et de le faire sortir du chemin, il est un indice, parce qu'il a pour but de mettre le piéton en liaison réelle avec l'objet, qui est sa situation par rapport au cheval qui approche (Ch.S. Peirce, C.P. 2.287; D. p. 155).

L'indice est toujours un signe singulier, unique, qui renvoie à un objet singulier, unique. Ainsi, la fumée que nous voyons là-bas, en ce moment, est l'indice de la présence d'un feu là-bas, en ce moment : l'indice et son objet sont dans un rapport de contiguïté contextuelle. Mais le rapport entre la fumée en général et le feu en général n'est pas de type indiciel : il s'agit d'une association d'idées générales, de l'ordre de la tiercéité, du symbole.

4.2.2.2. *LE REPRESENTAMEN D'UN INDICE*

Le representamen d'un indice est le plus souvent un *sinsigne*, comme dans les exemples donnés ci-dessus.

Il ne peut *pas* être un *qualisigne*, puisque les qualités sont ce qu'elles sont indépendamment de toute chose : il n'y a dans la priméité que du «même», pas de contiguïté contextuelle. Un qualisigne est toujours iconique.

Un *légisigne* peut fonctionner comme indice. Ainsi, certains mots de la langue — appelés «embrayeurs» par Jakobson (1963, p. 178), parce qu'ils «embrayent» le message sur la situation de communication —, comme les pronoms personnels «je, tu», les démonstratifs, les adverbes de temps et de lieu «ici, maintenant»... sont des légisignes (ils font partie du système de la langue) qui renvoient à leur objet de façon indicielle.

Expliquons-nous en comparant trois façons de renvoyer à un même objet, par exemple une pomme :

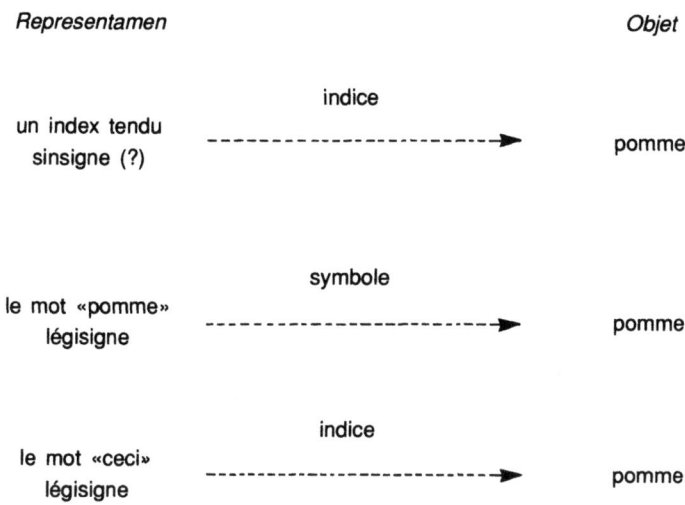

L'*index tendu* à un moment donné est un geste concret, spatio-temporellement déterminé (donc un sinsigne), qui indique la pomme parce qu'il est pointé dans sa direction. C'est la position de la pomme qui détermine la direction de l'index. Si la relation contextuelle est supprimée, alors l'index cesse de désigner la pomme.

Le mot «*pomme*» est un légisigne, appartenant au code de la langue française, qui signifie la pomme, par convention, indépendamment de toute relation de fait entre ce mot et une pomme. En l'absence de toute pomme, le mot continue à signifier la pomme.

Le mot «*ceci*» a également une signification conventionnelle, fixée par la langue (cf. le dictionnaire : «ceci = la chose dont on parle, qu'on désigne»), mais chaque réplique de ce légisigne, employée dans un contexte particulier, fonctionne comme un indice. En effet, «ceci» ne désigne la pomme que s'il est énoncé dans son voisinage immédiat. Si la relation contextuelle est supprimée, «ceci» ne désigne plus la pomme.

Revenons un instant sur le representamen *index tendu*, que nous avons considéré, trop rapidement sans doute, comme un sinsigne. On peut se demander, en effet, si l'indicateur gestuel n'a pas une signification aussi conventionnelle que l'indicateur verbal. Chaque manifestation de ce geste dans un contexte serait alors à considérer comme une réplique d'un légisigne, une actualisation de la règle : «Si vous voulez indiquer en montrant du doigt, vous devez placer la main et le bras de telle et telle manière» (voir U. Eco, 1978, p. 148).

4.2.2.3. LA FONCTION REFERENTIELLE DE L'INDICE

L'indice est nécessaire pour communiquer une information quelconque. On ne peut énoncer aucun fait sans utiliser d'indices :

> Si A dit à B : «Il y a un incendie», B demandera : «Où?» Sur ce, A sera forcé d'avoir recours à un indice, même s'il veut simplement dire quelque part dans l'univers réel, passé ou futur. Sans quoi il n'aurait fait que dire qu'il existe une idée d'incendie, ce qui ne fournirait aucune information, puisque le mot «incendie», sauf s'il était déjà connu, serait inintelligible. Si A indique du doigt l'incendie, son doigt est dynamiquement lié à l'incendie, autant que si un avertisseur d'incendie automatique l'avait réellement tourné dans cette direction, tout en forçant les yeux de B à se tourner dans cette direction, son attention à se fixer sur lui et son entendement à reconnaître que sa question a trouvé une réponse. Si la réponse de A est : «A mille mètres d'ici», le mot «ici» est un indice; car il a précisément la même force que s'il avait indiqué énergiquement du doigt l'espace entre lui et B (Ch.S. Peirce, C.P. 2.305; D. pp. 158-159).

C'est l'indice qui permet de situer, dans l'espace et dans le temps, l'événement décrit dans une proposition. Le rôle de l'indice est d'assurer la référence, et il ne fait que cela. Sa fonction est pragmatique, et non pas sémantique. L'indice à lui seul ne fait que désigner, il ne signifie pas. La signification nécessite de la tiercéité : des signes généraux, des «symboles».

La fonction référentielle de l'indice permet à l'auditeur non seulement de repérer l'objet dont parle le locuteur, mais aussi d'être assuré de l'«existence» de cet objet :

> Référer met en jeu à la fois une procédure d'identification et une position d'existence, parler d'une chose comportant une sorte d'engagement ontologique (Ch. Chauviré, 1984, p. 812).

Ainsi, en désignant à l'aide d'un indice un objet que l'auditeur ne perçoit pas, le locuteur informe l'auditeur de l'existence de cet objet. Peirce donne l'exemple suivant :

> Deux hommes sont debout sur la plage; ils regardent la mer. L'un d'eux dit à l'autre : «Ce navire là-bas ne transporte pas de marchandises, mais seulement des passagers». Mais si l'autre ne voit pas lui-même de navire, la première information qu'il tire de la remarque a pour objet la partie de la mer qu'il voit vraiment, et l'informe qu'une personne, ayant des yeux plus perçants que les siens, ou mieux entraînée à voir ces choses, peut y voir un navire; et alors, ce navire étant présenté à sa connaissance, il est prêt à recevoir l'information concernant ce navire, à savoir qu'il transporte exclusivement des passagers (Ch.S. Peirce, C.P. 2.232; D. p. 124).

4.2.3. LE SYMBOLE

4.2.3.1. LA REGLE DE LA TIERCEITE

La tiercéité fait intervenir un troisième terme entre le representamen et l'objet : la règle. Un signe est un symbole lorsqu'il renvoie à son objet en vertu d'une règle, d'une loi, d'une association d'idées générales. Un mot de passe, un ticket d'entrée à un spectacle, un billet de cent francs, les signes de la langue... sont des symboles.

La règle symbolique peut avoir été formulée *a priori*, par convention, ou s'être constituée *a posteriori*, par l'habitude culturelle. Ainsi, le feu rouge, dans la circulation routière, signifie, par convention, l'ordre de s'arrêter; mais c'est par l'habitude que se sont associées les idées générales de la «fumée» et du «feu», d'où l'expression proverbiale : «Il n'y a pas de fumée sans feu». Nous dirons que le feu rouge est le symbole de l'ordre de s'arrêter, et que la fumée est le symbole du feu. Il s'agit bien sûr du feu rouge type et de la fumée en général; non d'un feu rouge particulier ni de la fumée perçue ici et maintenant, qui, situés en contexte, fonctionnent comme des indices.

4.2.3.2. LE REPRESENTAMEN D'UN SYMBOLE

Le representamen d'un symbole est nécessairement un *légisigne*. Il existe en effet un principe de hiérarchie des catégories :

Une relation iconique, de l'ordre de la priméité, peut être déclenchée par un representamen des trois catégories : un qualisigne (R 1), un sinsigne (R 2) ou un légisigne (R 3).

Une relation indicielle, de l'ordre de la secondéité, peut être produite par de la secondéité ou de la tiercéité : un sinsigne (R 2) ou un légisigne (R 3).

Mais une relation symbolique, de l'ordre de la tiercéité, ne peut être déterminée que par de la tiercéité : un légisigne (R 3).

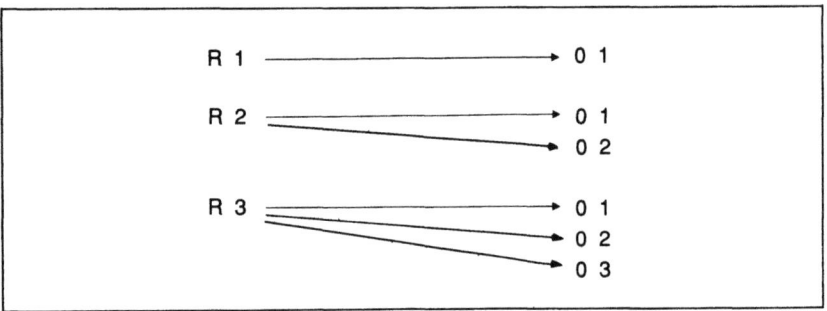

Cependant, si le representamen d'un symbole est toujours un légisigne, celui-ci ne peut réellement agir qu'en se matérialisant dans une réplique, et le symbole implique dès lors un indice.

Ainsi, chaque réplique du feu rouge type constitue un indice : un feu rouge mis en situation indique un ordre de s'arrêter en un endroit et un temps déterminés, et c'est pour indiquer précisément cet ordre que la gendarmerie a placé le signal dans ce contexte (rapport de cause à effet) :

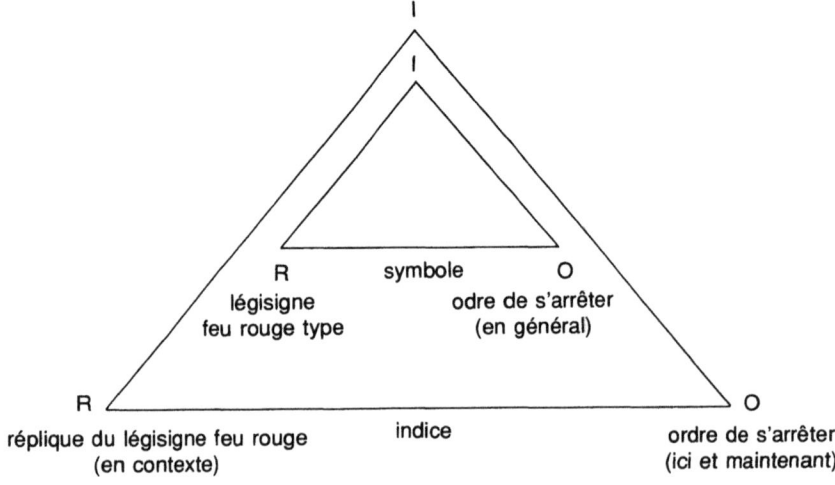

Le fonctionnement indiciel d'un feu rouge particulier repose sur l'existence virtuelle du feu rouge type, légisigne symbolique. Pour réagir à l'indice, il faut connaître le symbole. L'indice est déterminé par le symbole.

Inversement, un symbole peut être déterminé par des indices. A force d'avoir constaté, au fil des temps, que de la fumée indiquait toujours la présence d'un feu, l'humanité a formé le proverbe : «Il n'y a pas de fumée sans feu» :

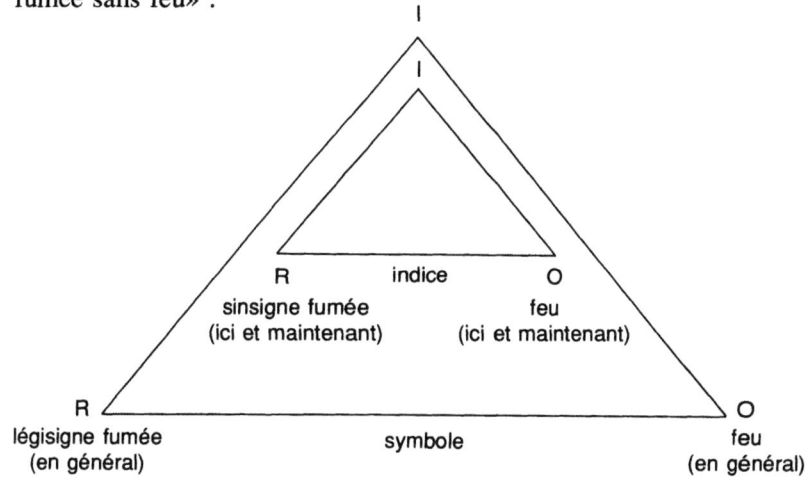

Dans le légisigne symbolique sont virtuellement présents les sinsignes indiciels : dans le proverbe, toutes les fumées particulières, indices de tous les feux particuliers.

La relation de détermination réciproque que nous venons de saisir entre le symbole et les indices existe également entre le symbole et les icônes. Par exemple, un tableau du XVe siècle représentant «la Vierge et l'Enfant» est une icône qui repose sur un symbole virtuel. L'attitude stéréotypée des personnages répond à un «code iconographique» de l'époque, qui s'est formé peu à peu par l'habitude culturelle. Ainsi, les icônes, en se généralisant, peuvent produire un symbole, qui, à son tour, se matérialise dans de nouvelles icônes : les signes s'engendrent mutuellement.

Le langage, qui est symbolique, comprend cependant des éléments indiciels et iconiques. Toute proposition implique un acte de référence (un indice) et une prédication (une icône) :

<blockquote>Un homme se promène avec un enfant; il tend le bras en l'air et dit : «Il y a un ballon là-bas». Le bras tendu fait essentiellement partie du symbole; sans lui, ce dernier ne fournirait aucune information. Mais si l'enfant demande : «Qu'est-ce qu'un ballon?»,</blockquote>

et si l'homme répond : «C'est quelque chose comme une grande bulle de savon», il fait de l'image une partie du symbole. Par conséquent, bien que l'objet complet d'un symbole, c'est-à-dire sa signification, ait la nature d'une loi, il doit *dénoter* un individu et *signifier* un caractère (Ch.S. Peirce, C.P. 2.293; D. p. 162).

4.2.3.3. LA RAISON SOCIALE DU SYMBOLE

Le *symbole* réalise pleinement le processus sémiotique : il *signifie* son objet par l'intermédiaire d'un interprétant, alors que l'*indice* ne fait que *désigner* son objet et que l'*icône* s'assimile à son objet, le *décrit*, en donne une image.

Le symbole permet de prendre distance par rapport à l'immédiateté de l'icône et la contingence de l'indice.

Voici un passage où Peirce oppose ces trois types de rapport du representamen à l'objet :

> Une *icône* est un signe qui posséderait le caractère qui le rend signifiant, même si son objet n'existait pas. Exemple : un trait au crayon représentant une ligne géométrique.
> Un *indice* est un signe qui perdrait immédiatement le caractère qui en fait un signe si son objet était supprimé, mais ne perdrait pas ce caractère s'il n'y avait pas d'interprétant. Exemple : un moulage avec un trou de balle dedans comme signe d'un coup de feu; car sans le coup de feu, il n'y aurait pas eu de trou; mais il y a un trou là, que quelqu'un ait l'idée de l'attribuer à un coup de feu ou non.
> Un *symbole* est un signe qui perdrait le caractère qui en fait un signe s'il n'y avait pas d'interprétant. Exemple : tout discours signifie ce qu'il signifie par le seul fait que l'on comprenne qu'il a cette signification (Ch.S. Peirce, C.P. 2.304; D. pp. 139-140).

Les symboles ne peuvent pas fonctionner sans un accord à propos de leur signification dans un groupe social. L'ordre symbolique (du grec : «sumballo», «jeter avec», très fréquemment utilisé pour signifier l'établissement d'un contrat ou d'une convention) se fonde sur la notion de contrat, d'alliance :

> Autrefois, les contractants d'un pacte d'alliance se voyaient distribuer les fragments d'un objet coupé en autant de morceaux qu'il y avait de partenaires. Chacun prenait un tel fragment, ou symbole, le conservait, et le transmettait à ses descendants. Ces éléments complémentaires, à nouveau rapprochés, permettaient aux porteurs de se reconnaître mutuellement, en référence au pacte constitutif, et d'attester les liens d'alliance contractés antérieurement (A. Delzant, 1978, p. 29).

Cet exemple illustre bien la raison d'être de tous les symboles. Les symboles font entrer les individus dans un univers de communication, de reconnaissance réciproque, grâce à la référence à une loi commune qui les dépasse, et sur laquelle ils n'ont aucune prise directe :

Vous pouvez écrire le mot «étoile», mais vous ne créez pas le mot pour autant, pas plus que si vous l'effacez, vous ne le détruisez (Ch.S. Peirce, C.P. 2.302; D. p. 165).

Les symboles marquent l'appartenance des individus à un groupe social : que ce soit un groupe restreint comme dans le cas des mots de passe, des insignes, des uniformes...; ou une communauté plus large comme dans le cas d'une langue; jusqu'à la collectivité humaine qui se reconnaît dans l'ordre symbolique du langage en général, par-delà la différence des langues.

4.3. LA TRICHOTOMIE DE L'INTERPRETANT

L'interprétant d'un signe est un signe lui-même, qui renvoie le premier signe à son objet, parce qu'il entretient lui-même le même rapport avec le même objet.

L'interprétant appartient à la tiercéité : il est le troisième terme, la règle qui permet au representamen de renvoyer à son objet. Mais le signe ou representamen que l'interprétant, à son tour, constitue peut relever des trois catégories. Suivant la trichotomie de l'interprétant, le signe est appelé respectivement un *rhème* (priméité), un *dicisigne* ou signe dicent (secondéité) et un *argument* (tiercéité) :

Un rhème est un signe qui est compris comme représentant son objet dans ses caractères seulement; un dicisigne est un signe qui est compris comme représentant son objet par rapport à l'existence réelle; et un argument est un signe qui est compris comme représentant son objet dans son caractère de signe (Ch.S. Peirce, C.P. 2.252; D. pp. 141-142)[2].

4.3.1. LE RHEME

4.3.1.1. LA POSSIBILITE DE LA PRIMEITE

L'interprétant rhématique a une structure de priméité : il ne fait donc appel à rien d'«autre» pour opérer la relation du representamen à l'objet, qu'aux qualités du representamen lui-même, qui sont aussi les qualités de l'objet. Le rhème représente les qualités du representamen comme étant propres à toute une classe d'objets possibles :

Un rhème est un signe qui, pour son interprétant, est un signe de possibilité qualitative, c'est-à-dire est compris comme représentant telle ou telle sorte d'objet possible (Ch.S. Peirce, C.P. 2.250; D. p. 141).

Un rhème n'est ni vrai ni faux, il équivaut à une variable dans une fonction propositionnelle : F(x). Dire que la variable x a la propriété F (par exemple, celle d'«être un nombre entier») n'est ni vrai ni faux. Si nous remplaçons x par une constante, nous obtenons une proposition, qui peut être vraie ou fausse :

si x = 1, «1 est un nombre entier» : vrai ;
si x = 1/2, «1/2 est un nombre entier» : faux.

Mais le rhème, lui, n'a pas de valeur de vérité ; il dit seulement que les caractéristiques du representamen sont possibles ; il permet de reconnaître dans le representamen les *traits pertinents* de tout un *paradigme* d'objets possibles.

Le rhème fonctionne comme un blanc dans une formule, un vide à remplir pour répondre à un questionnaire :

«... est rouge».

Reprenons notre exemple du morceau de papier rouge fonctionnant comme échantillon (icône) d'un pot de peinture. L'interprétant est un rhème : il nous dit que la propriété «rouge» caractéristique de l'échantillon est celle de toute une classe d'objets possibles, parmi lesquels se trouve le pot de peinture :

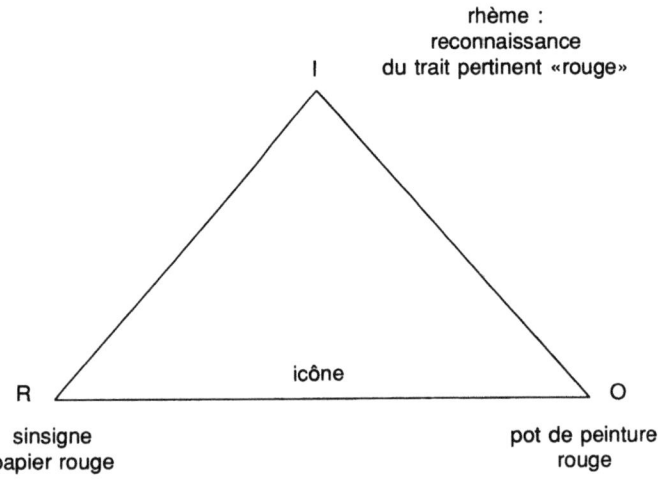

Tous les mots de la langue, pris isolément, sont rhématiques. Ainsi, le mot «pomme» est un légisigne qui renvoie à l'objet «pomme» de façon symbolique, par l'intermédiaire d'un interprétant rhématique ; le rhème reconnaît, en effet, que le representamen «pomme» signifie toutes les pommes possibles, tous les objets qui présentent les traits pertinents d'une «pomme»[3] :

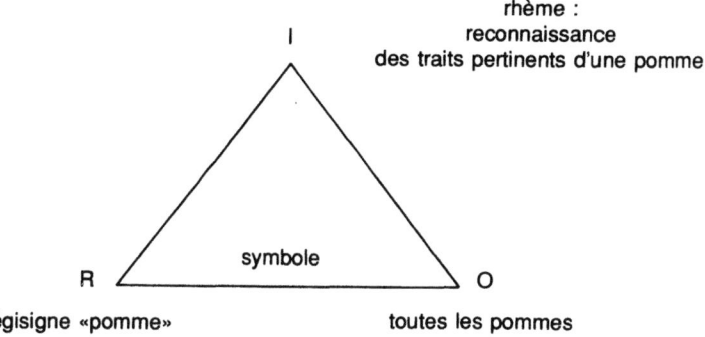

4.3.1.2. LES SIGNES RHEMATIQUES

Le principe de hiérarchie des catégories détermine six classes de signes rhématiques :

R 1 →	O 1 →	I 1	qualisigne iconique rhématique
R 2 →	O 1 →	I 1	sinsigne iconique rhématique
↘	O 2 →	I 1	sinsigne indiciel rhématique
	↘	I 2	(voir plus loin)
R 3 →	O 1 →	I 1	légisigne iconique rhématique
↘	O 2 →	I 1	légisigne indiciel rhématique
↘	↘	I 2	(voir plus loin)
	O 3 →	I 1	légisigne symbolique rhématique
	↘	I 2	(voir plus loin)
	↘	I 3	(voir plus loin)

Nous verrons plus loin qu'il existe trois classes de signes dont l'interprétant est de l'ordre de la secondéité (dicisigne), et une classe dont l'interprétant est de la tiercéité (argument). Il y a donc, au total, dix classes de signes.

Mais donnons tout d'abord un exemple des six classes de signes rhématiques.

1) Un *qualisigne iconique rhématique* (R 1, O 1, I 1) appartient à la priméité pure. Un qualisigne ne peut être qu'une icône (relation de similarité, de confusion avec son objet) et un rhème (interprétation comme simple possibilité logique). Par exemple, une impression de «rouge» est rhématique car elle vaut pour tous les cas possibles de «rougéité».

2) Un *sinsigne iconique rhématique*, c'est-à-dire un signe particulier, spatio-temporellement déterminé, qui entretient avec son objet une relation de similarité, ne peut être interprété qu'au niveau du rhème (R 2, O 1, I 1). Par exemple, le dessin d'un homme représente toute une classe d'objets auxquels il ressemble. Le portrait d'une personne, sans autre indication, représente également toute une classe d'objets possibles : les personnes ressemblant à ce portrait; mais si le portrait est considéré dans un contexte, accompagné de l'indication du nom de la personne, par exemple sur un passeport, le niveau d'interprétation change : nous passons à la secondéité. Le plan ou la maquette d'une maison sont des sinsignes iconiques rhématiques : ils représentent les traits pertinents d'une maison, ils valent pour toute une série de maisons possibles.

3) Un *sinsigne indiciel rhématique* (R 2, O 2, I 1) est un signe particulier qui attire l'attention sur son objet, mais est interprété au niveau de la priméité, c'est-à-dire dans ses traits pertinents, ses caractéristiques virtuelles, et non pas en fonction des circonstances particulières dans lesquelles il se situe. Peirce donne l'exemple d'un «cri spontané». Il faut le comprendre comme ceci : nous entendons soudain un cri dans la rue; ce cri nous surprend et attire notre attention, il nous indique que quelque chose d'extraordinaire, de douloureux sans doute, s'est produit; mais nous ne savons pas précisément en quoi a consisté l'événement, et nous ne menons pas d'enquête; nous reconnaissons seulement dans ce cri les traits pertinents d'un cri de douleur en général.

C'est un cri de ce type qui ouvre le roman de Marguerite Duras, *Moderato Cantabile* : un cri de femme, provenant de la rue, interrompt brusquement une leçon de piano; ce cri indique que «quelque chose est arrivé», «un événement inconnu» :

> Dans la rue, en bas de l'immeuble, un cri de femme retentit. Une plainte longue, continue, s'éleva si haut que le bruit de la mer en fut brisé. Puis elle s'arrêta, net.
> – Qu'est-ce que c'est? cria l'enfant.
> – Quelque chose est arrivé, dit la dame.
> (...) En bas, quelques cris, des appels maintenant raisonnables, indiquèrent la consommation d'un événement inconnu (M. Duras, 1985, pp. 10-13).

Cet événement inconnu, précisément parce qu'il est interprété au niveau de la priméité, déploiera ses virtualités tout au long du roman : une autre femme, cherchant à comprendre l'événement, vivra un événement similaire. C'est le roman, par sa structure, qui construit comme thématiquement similaires deux événements pourtant concrètement, figurativement, très différents : la première femme est tuée par l'homme qui l'accompagne, l'autre pas. Mais :

– Je voudrais que vous soyez morte, dit Chauvin.
– C'est fait, dit Anne Desbaresdes (M. Duras, 1985, p. 84).

Comprendre un événement de façon rhématique, c'est-à-dire à un pur niveau de priméité, signifierait s'imprégner de cet événement de l'intérieur, dans ses propriétés, ses qualités propres. S'en imprégner au point de le vivre. De le vivre vraiment, mais dans l'abstraction et la transposition. Est-il possible de comprendre de cette façon ?... Peu avant qu'une telle transposition ne se produise dans le roman, Chauvin dit :

– Ce n'est pas la peine d'essayer de comprendre. On ne peut pas comprendre à ce point (M. Duras, 1985, p. 81).

La priméité est une catégorie très fragile : nous ne parvenons à la vivre que dans des moments privilégiés...

Plus généralement, un cri dans la rue sera interprété au niveau de la secondéité (R 2, O 2, I 2) : on mènera une enquête, on recherchera des indices pour retrouver la cause «réelle» de l'événement.

4) Un *légisigne iconique rhématique* (R 3, O 1, I 1) est un signe général, qui fait partie d'un système, et qui représente son objet par un rapport de similarité. Il est interprété comme représentant toute une classe d'objets possibles. C'est le cas des exemples donnés en 4.2.1.2.3. : les pictogrammes, les signes appartenant à des alphabets graphiques, les diagrammes-types, les métaphores conventionnelles. C'est le cas également des pièces du jeu d'échecs, des figures des cartes à jouer et, dans le langage, des onomatopées : par exemple, «cocorico» est un légisigne, qui obéit aux règles phonologiques de la langue française (dans d'autres langues, le mot est différent : chicchirichi, en italien); c'est une icône, qui imite phonétiquement le cri du coq; et c'est un rhème, qui vaut pour tous les cris de coqs.

5) Un *légisigne indiciel rhématique* (R 3, O 2, I 1) est également un signe général (légisigne), qui est interprété comme représentant toute une classe d'objets possibles (rhème), mais dont chaque réplique représente un de ces objets dans une relation contextuelle (indice). Le langage comprend des signes de ce type : ce sont les «embrayeurs», tels que

«ceci» (voir 4.2.2.2.), ou «je». Comme tous les signes de la langue, «je» est un légisigne, dont les règles d'emploi sont déterminées par le système. Chaque occurrence de ce légisigne est un indice, qui désigne, dans un rapport contextuel, la personne qui prend la parole. Et ce signe est un rhème : il est interprété comme une variable, qui vaut pour tout individu devenant locuteur; il indique seulement un trait pertinent, celui d'«être le locuteur».

6) Un *légisigne symbolique rhématique* (R 3, O 3, I 1) est un signe général (légisigne), qui signifie, par convention (symbole), toute une classe d'objets possibles (rhème). Tout mot de la langue, pris isolément, signifie une classe d'objets, par une association d'idées générales (par exemple, le mot «pomme», vu en 4.3.1.1.).

Cependant, pris dans le contexte d'une proposition (qui constitue globalement un légisigne symbolique dicent; voir plus loin), les répliques des légisignes symboliques rhématiques sont interprétées comme des indices ou des icônes. Nous avons vu (en 4.2.3.2.) comment la proposition «Il y a un ballon là-bas» implique un indice et une icône. Peirce développe également l'exemple de la proposition «Ezéchiel aime Houlda» :

> Soit la phrase : «Ezéchiel aime Houlda». Ezéchiel et Houlda doivent donc être ou contenir des indices; car sans indices il est impossible de désigner ce dont on parle. Une description superficielle ne préciserait pas si ce sont simplement des personnages d'une ballade; mais qu'ils le soient ou non, les indices peuvent les désigner. Or, l'effet du mot «aime» est que la paire d'indices Ezéchiel et Houlda est représentée par l'icône, ou l'image que nous avons dans l'esprit, d'un amoureux et de sa bien-aimée (Ch.S. Peirce, C.P. 2.295; D. p. 163).

En dehors de tout contexte «Ezéchiel», «Houlda» et «aimer» sont des légisignes symboliques. Mais dans le contexte de la proposition, les répliques des légisignes «Ezéchiel» et «Houlda» sont des indices tandis que la réplique du légisigne «aimer» est une icône.

Remarque : S'il est vrai que tout signe de la langue, dans le contexte d'une proposition, joue un rôle iconique ou indiciel, ces icônes et ses indices, répliques de légisignes symboliques rhématiques ne se confondent pas pourtant avec les légisignes iconiques rhématiques (les onomatopées) ou les légisignes indiciels rhématiques (les embrayeurs). Les onomatopées et les embrayeurs, pris isolément, se définissent, en effet, au niveau du légisigne même, par une relation iconique ou indicielle; tandis que les autres signes de la langue, comme le mot «pomme», sont, au niveau du légisigne, des symboles, et ce n'est que dans le contexte d'une proposition que leurs répliques fonctionnent comme des indices ou des icônes.

4.3.2. LE DICISIGNE

4.3.2.1. *LA REALITE DE LA SECONDEITE*

Le dicisigne est un signe interprété au niveau de la secondéité : un signe d'existence réelle. L'interprétant dicent est une action ou une expérience, qui établit une liaison de fait entre le representamen et l'objet, une liaison de type indiciel : le dicisigne se représente lui-même comme un indice de son objet.

Le dicisigne fonctionne comme une proposition logique, qui met en relation des constantes (un sujet et un prédicat), et peut être vraie ou fausse. Par exemple, le portrait d'une personne avec l'indication du nom de cette personne est un sinsigne indiciel dicent. L'interprétant de ce signe correspond, en effet, à la proposition :

	«*Cette personne représentée*	*est Monsieur un Tel*»
Dans la proposition :	sujet	prédicat
Dans le signe :	representamen	objet
Dans l'interprétant :	indice	icône

Le dicisigne interprète «cette personne représentée» (representamen) comme un indice de «Monsieur un Tel» (objet). L'information fournie par la proposition «Cette personne représentée est Monsieur un Tel» peut être vraie ou fausse :

> Le moyen le plus commode pour savoir si un signe est ou n'est pas un dicisigne est qu'un dicisigne est ou vrai ou faux, mais ne fournit pas de raison de sa vérité ou de sa fausseté (Ch.S. Peirce, C.P. 2.310; D. p. 167).

Un dicisigne est vrai ou faux, à la différence d'un rhème qui n'est que possible et n'a pas de valeur de vérité. Mais un dicisigne ne fournit pas de raison de sa vérité ou de sa fausseté, à la différence d'un argument qui aboutit à une conclusion en suivant un processus rationnel.

4.3.2.2. *LES SIGNES DICENT*

Pour comprendre le dicisigne, il faut le considérer comme composé de deux parties (un indice et une icône, ou un sujet et un prédicat), qu'il soit ou non composé en lui-même de cette manière ; ces deux parties doivent être représentées comme étant en connexion existentielle (relation indicielle). Une icône ne peut pas être interprétée au niveau du dicisigne, puisqu'il n'y a dans l'icône aucun aspect indiciel. On distingue trois classes de signes dicent.

1) *Un sinsigne indiciel dicent* (R 2, O 2, I 2) est une chose ou un événement d'expérience directe, qui fonctionne comme signe en communiquant une information à propos de son objet, parce qu'il est réellement affecté par cet objet (il en est l'indice), et il est interprété précisément comme l'indice de cet objet.

C'est le cas du portrait d'une personne portant l'indication du nom de cette personne. Ou de la position d'une girouette à un moment déterminé : il s'agit d'une girouette bien précise (un sinsigne), dont la position est affectée par la direction du vent (un indice), et dont l'interprétant met en connexion existentielle deux éléments réels, deux faits d'expérience : la position de la girouette (sujet, indice) et la direction du vent (prédicat, icône), sous la forme d'une proposition :

	«Cette girouette	*est (le signe de) un vent du nord»*
Dans la proposition :	sujet	prédicat
Dans le signe :	representamen	objet
Dans l'interprétant :	indice	icône

2) *Un légisigne indiciel dicent* (R 3, O 2, I 2) est un signe général (légisigne) qui requiert, dit Peirce, que chacune de ses répliques soit réellement affectée par son objet (indice), de manière à fournir des informations déterminées concernant cet objet (dicisigne). Ainsi, un feu de signalisation est un légisigne, dont chaque réplique est provoquée par son objet : la volonté de la gendarmerie de communiquer un ordre de s'arrêter dans telles circonstances spatio-temporelles (indice). Et l'interprétant est un dicisigne, qui met en rapport deux constantes, sous la forme d'une proposition :

	«Ce feu rouge	*est un ordre de s'arrêter»*
Dans la proposition :	sujet	prédicat
Dans le signe :	representamen	objet
Dans l'interprétant :	indice	icône

Le fonctionnement dicent de chaque réplique du feu rouge implique cependant l'existence virtuelle d'un légisigne symbolique argumental, établi par l'application d'une règle. Pour rappel :

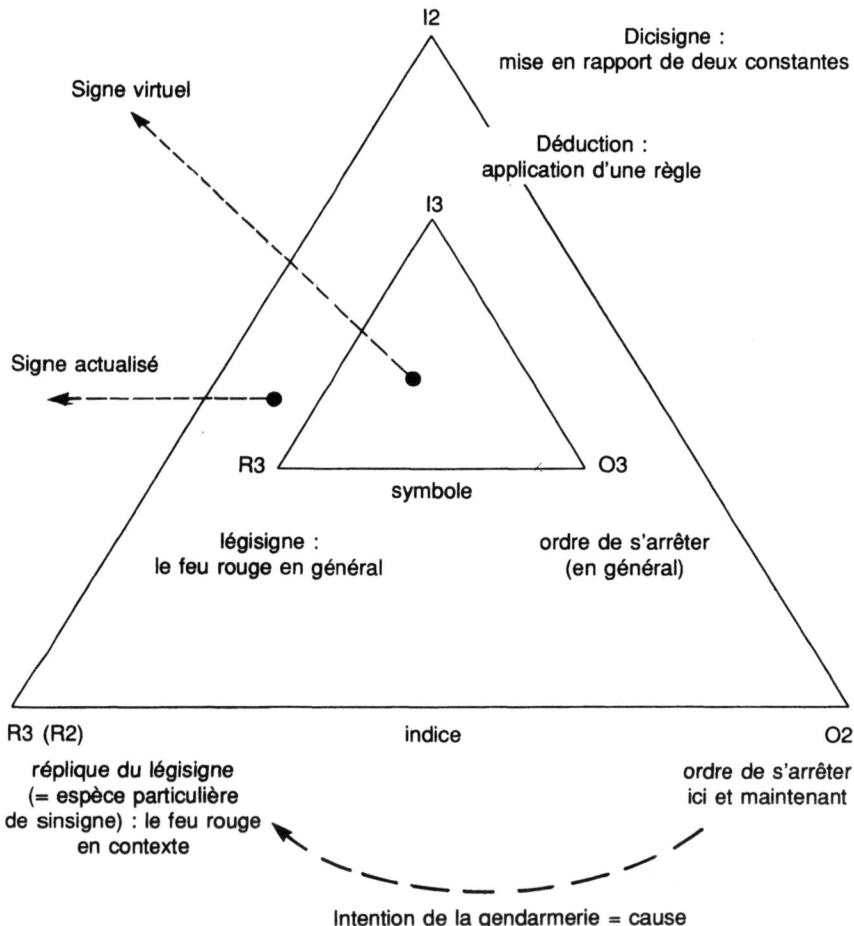

3) *Un légisigne symbolique dicent* (R 3, O 3, I 2) est un signe général (légisigne), qui signifie son objet en vertu d'une convention (symbole), et qui est interprété, chaque fois qu'il est actualisé, comme réellement affecté par son objet, et communiquant une information sur cet objet (dicisigne).

Toute proposition est un légisigne symbolique dicent. On le comprend aisément lorsque l'information que la proposition communique porte sur un fait réel. Si je vous dis «Mon livre est bleu», cette proposition appartient au code de la langue française (légisigne) et signifie par convention le fait que mon livre est bleu (symbole); le dicisigne interprète cette proposition (plus précisément l'occurrence de cette proposition dans un contexte) comme étant causée par le fait que, en réalité, mon livre est bleu (donc comme un indice); le dicisigne met donc en relation deux constantes, deux faits réels : l'occurrence de la proposition et l'existence de mon livre bleu :

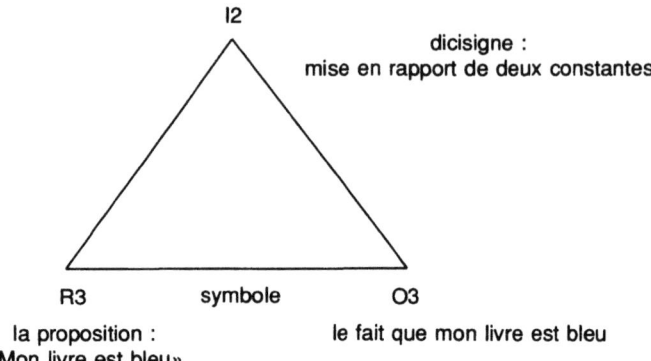

Lorsque la proposition donne une information sur une loi générale, elle ne devient significative qu'en référence à une expérience individuelle. Ainsi, dit Peirce, la proposition : «L'homme est un bipède» ne signifie rien s'il n'y a pas une occasion où le nom «homme» puisse s'appliquer (et donc être interprété comme indice); mais si cette occasion existe, alors la proposition informe que le terme «bipède» peut également s'y appliquer (comme icône) :

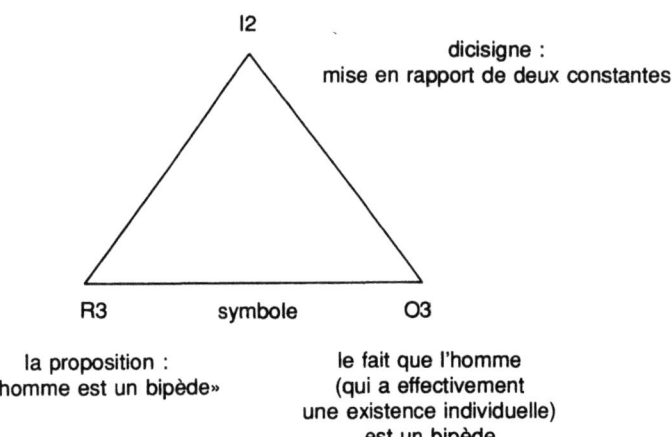

Une proposition conditionnelle est interprétée de la même manière; Peirce donne l'exemple suivant :

> Dans le cas d'une proposition conditionnelle, «S'il gèle cette nuit, vos roses mourront», la signification est que toute réplique de la proposition «Il gèlera cette nuit» qui peut

être vraie, coexiste avec la vraie réplique de la proposition «Vos roses mourront» (Ch.S. Peirce, C.P. 2.316; D. p. 175).

Donc :

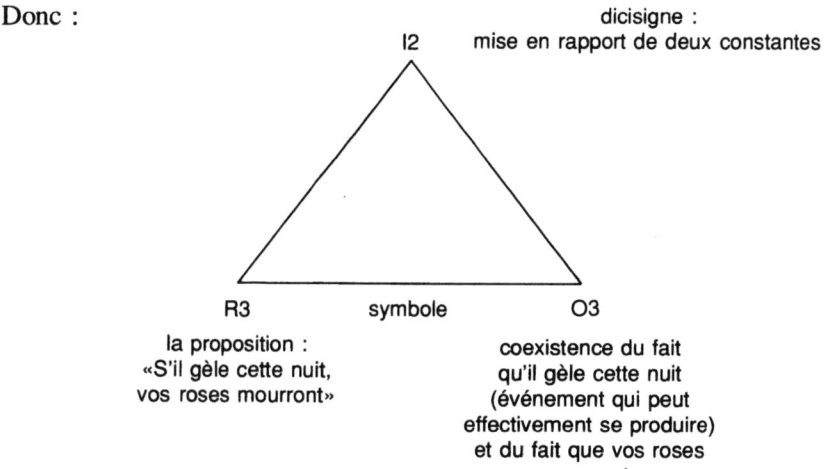

4.3.3. L'ARGUMENT

4.3.3.1. LA SIGNIFICATION DE LA TIERCEITE

L'argument interprète un signe au niveau de la tiercéité, c'est-à-dire qu'il le considère et le représente précisément dans son caractère de *signe*. Seuls les légisignes symboliques (dont nous avons dit qu'ils «signifient» véritablement leur objet, tandis que les indices ne font que le désigner, et que les icônes le décrivent) peuvent être interprétés par un argument. L'argument formule la *règle* qui relie le representamen et son objet, par exemple : «Chaque fois que le feu est rouge, cela signifie un ordre de s'arrêter»; «Chaque fois que l'on aperçoit de la fumée, cela signifie qu'il y a du feu».

4.3.3.2. LES SIGNES ARGUMENTAUX

Un signe argumental a toujours comme representamen un légisigne et comme objet un symbole. On distingue cependant trois types d'arguments selon la nature de la règle qui relie le representamen à son objet. La règle peut être *imposée* aux faits (déduction : «Chaque fois qu'il y a un feu rouge, il y a un ordre de s'arrêter»), ou *résulter* des faits (induction : «Chaque fois qu'il y a de la fumée, il y a du feu»). L'argument peut aussi consister à *découvrir*, sous la forme d'une hypothèse, une règle susceptible d'expliquer un fait (abduction : voir exemple plus loin).

L'abduction est un argument qui fait appel à la *priméité* pour formuler la règle (il s'agit d'une hypothèse, donc d'une règle *possible*), tandis que l'induction repose sur la *secondéité* (la règle découle de l'observation répétée de faits *réels*, contingents) et que la déduction appartient exclusivement à la *tiercéité* (la règle se justifie elle-même en tant que *règle*).

4.3.3.3. ARGUMENTS ET SYLLOGISMES

On peut comparer, dans une première approche, les trois types d'arguments en décrivant leur fonctionnement sous la forme de syllogismes, raisonnements qui permettent de tirer une conclusion à partir de deux prémisses.

Dans la *déduction*, la première prémisse (majeure) énonce une règle générale et la deuxième prémisse (mineure) présente un cas particulier; la conclusion exprime le résultat de l'application de la règle générale au cas particulier. Peirce donne l'exemple suivant (Ch.S. Peirce, C.P. 2.623; Ch. p. 23) :

Règle : Tous les haricots contenus dans ce sac sont blancs,
Cas : ces haricots proviennent de ce sac,
Résultat : ces haricots sont blancs.

L'*induction* formule une règle générale à partir d'un cas (plus exactement, un certain nombre de cas) et d'un résultat :

Cas : Ces haricots proviennent de ce sac,
Résultat : ces haricots sont blancs,
Règle : tous les haricots de ce sac sont blancs.

L'*abduction* formule un cas à partir d'un résultat et d'une règle. Imaginons qu'en entrant dans une pièce, j'aperçoive sur la table une poignée de haricots blancs, et, à côté, un sac de haricots; je constate que ce sac contient uniquement des haricots blancs; je fais alors l'hypothèse que les haricots qui se trouvent sur la table proviennent de ce sac; l'hypothèse permet d'expliquer un résultat (une circonstance curieuse : la présence de haricots blancs sur la table) en supposant que c'est un cas d'une règle générale :

Résultat : Ces haricots sont blancs,
Règle : tous les haricots de ce sac sont blancs,
Cas : ces haricots proviennent de ce sac.

La conclusion d'une déduction est nécessaire et infaillible : elle est déjà contenue dans les prémisses. Celle d'une induction est approximative et demande à être vérifiée en poursuivant l'expérimentation : en vidant totalement, poignée par poignée, le sac de haricots, nous vérifierions que «tous les haricots de ce sac sont blancs». Ainsi, l'induction fournit une information quantitative, mais pas de connaissance nouvelle. Quant à l'abduction, elle nous apporte une connaissance, faillible certes, mais nouvelle. G. Proni (1981) l'explique bien, à propos de l'exemple des haricots : en apercevant les haricots sur la table et dans le sac, et en formulant une hypothèse, nous acquérons une connaissance — une croyance à propos du réel — qui modifie notre attitude, influence notre façon d'agir; nous pouvons, en effet, sortir de la pièce et demander : «Qui a sorti les haricots du sac et ne les a pas remis en place?». Notre connaissance nouvelle demeure cependant hypothétique, et nous y renoncerions immédiatement si quelqu'un nous disait : «As-tu vu les haricots que j'ai mis sur la table? Je les ai achetés au marché. Ils sont exactement les mêmes que ceux que nous avons récoltés dans notre sac!».

Le raisonnement mathématique est *déductif* : il consiste à poser des hypothèses pour en déduire toutes les conséquences nécessaires. La démarche des sciences empiriques, comme la sociologie ou la psychologie, est *inductive* : elles procèdent par enquêtes et sondages, considérant que ce qui est vrai d'un certain nombre d'échantillons pris au hasard est vrai d'une classe entière.

La déduction et l'induction ont été longuement étudiées par les philosophes classiques, alors qu'aucun logicien, avant Peirce, n'avait reconnu l'importance et la spécificité de cette troisième forme de raisonnement, que Peirce a appelée l'*abduction*. Il s'agit pourtant d'une forme de raisonnement qui se trouve à l'œuvre tant dans notre pratique la plus quotidienne que dans la découverte scientifique, et Peirce anticipe, sur ce point, l'épistémologie de K. Popper. L'abduction — appelée aussi, par la suite, démarche hypothético-déductive — consiste, non pas à partir d'une hypothèse, mais à y parvenir. C'est ainsi que procède, notamment, la recherche sémiotique.

4.3.3.4. LES ARGUMENTS COMME INTERPRETANTS

Dans le processus sémiotique, l'argument justifie le rapport du representamen à l'objet, il en donne la raison. Nous présenterons d'abord l'interprétant déductif, puis inductif, pour terminer par l'abduction. Nous inversons donc ici l'ordre de présentation des catégories : parmi les arguments, la déduction appartient, en effet, à la tiercéité, l'induction à la secondéité, et l'abduction à la priméité; mais l'abduction est un processus d'interprétation plus complexe, qui comprend lui-même une phase déductive et une phase inductive.

4.3.3.4.1. La déduction

Tous les systèmes de signes conventionnels, établis *a priori*, antérieurement à leur usage, sont interprétés par déduction : c'est le cas des mots de passe, des insignes, des signaux routiers... Nous pouvons reprendre l'exemple du feu rouge (voir schéma p. 77) qui, en tant que signe virtuel du code de la route (légisigne), signifie conventionnellement un ordre de s'arrêter (symbole), par l'application d'une règle générale (déduction) :

Règle : Chaque fois qu'il y a un feu rouge, il y a un ordre de s'arrêter,
Cas : il y a un feu rouge,
Résultat : il y a un ordre de s'arrêter.

4.3.3.4.2. L'induction

Les signes-types qui se sont formés *a posteriori*, par généralisation de leur usage, sont interprétés par induction. Il en est ainsi de la fumée en général, comme symbole du feu en général :

Cas : Il y a de la fumée ici, là-bas, etc.,
Résultat : il y a du feu ici, là-bas, etc.,
Règle : chaque fois qu'il y a de la fumée, il y a du feu (ou «il n'y a pas de fumée sans feu»).

Nous pouvons compléter dès lors le schéma de la page 67 :

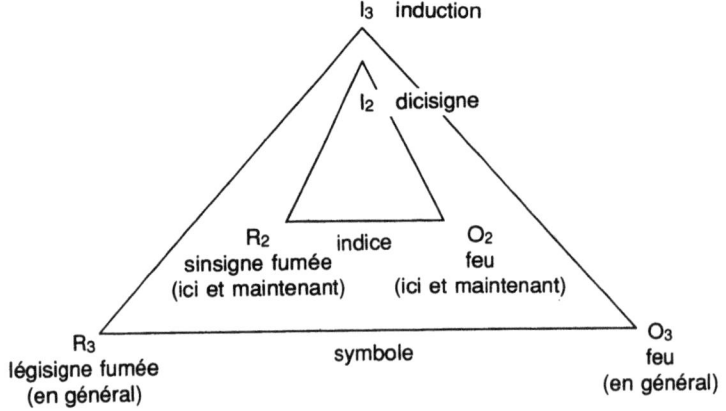

Tous les phénomènes de mode se constituent par induction, qu'il s'agisse de modes vestimentaires ou de codes iconographiques, de styles architecturaux, de comportements sociaux...

4.3.3.4.3. L'abduction

> La *présomption*, ou plus précisément l'*abduction*, fournit à celui qui raisonne la théorie problématique que l'induction vérifie. Se trouvant confronté à un phénomène différent de celui qu'il aurait attendu dans des circonstances semblables, il examine les traits de ce phénomène et note quelques caractères remarquables ou des relations entre ceux-ci, qu'il reconnaît aussitôt comme caractéristiques d'un concept dont son esprit est déjà pourvu, de sorte qu'est suggérée une théorie qui *expliquerait* (c'est-à-dire rendrait nécessaire) ce qu'il y a de surprenant dans le phénomène (Ch.S. Peirce, C.P. 2.776).

On peut décrire en quatre phases le processus interprétatif de l'abduction :

1) Nous nous trouvons devant un *fait surprenant*, inexplicable dans le cadre de nos connaissances antérieures, c'est-à-dire que ce fait surprend nos habitudes ou nos préjugés, dans la vie quotidienne; ou qu'il ne peut pas être pris en considération par une théorie existante, dans la recherche scientifique.

2) Nous formulons une *hypothèse* susceptible d'expliquer ce fait. Notre raisonnement est ancré dans la priméité : l'hypothèse, qui surgit dans l'esprit, avec une force instinctive, est suggérée par le fait; il y a, en effet, une analogie entre le fait et les conséquences résultant de l'application éventuelle de l'hypothèse :

> La suggestion abductive nous arrive comme un éclair. C'est un acte de *vue* (insight), bien que d'une vue extrêmement faillible. Il est vrai que les différents éléments de l'hypothèse étaient déjà dans notre esprit; mais c'est l'idée de mettre ensemble des éléments que nous n'avions jamais rêvé de mettre ensemble que la suggestion nouvelle met en un éclair devant notre contemplation (Ch.S. Peirce, C.P. 5.181).

3) Nous appliquons ensuite cette hypothèse par *déduction* : nous en tirons toutes les conséquences nécessaires. Dans la vie quotidienne, nous adoptons une attitude conforme à l'hypothèse. Et dans la recherche scientifique, il s'agit d'établir avec la plus grande rigueur quels sont les tests qui permettraient, le cas échéant, de «falsifier» l'hypothèse, c'est-à-dire de prouver sa fausseté, son désaccord avec les faits d'expérience. S'il suffit d'une seule expérience pour infirmer une hypothèse, il faudrait cependant une série infinie d'expériences pour la confirmer.

4) Par une sorte d'*induction*, de généralisation à partir d'un certain nombre de tests positifs, nous considérons que les résultats vérifient l'hypothèse, provisoirement, jusqu'à preuve du contraire.

La démarche hypothético-déductive est à l'œuvre dans la recherche scientifique. Les quatre phases que nous venons de distinguer s'y retrouvent de façon récursive, selon le schéma suivant :

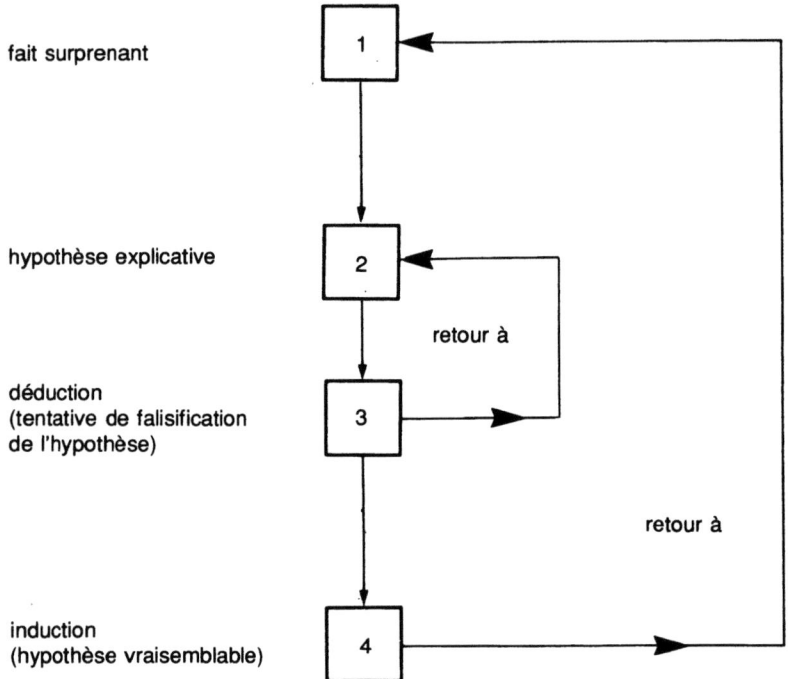

Nous illustrerons ce schéma en reprenant l'exemple bien connu de I. Semmelweis, médecin du siècle dernier, qui a décrit lui-même assez précisément la façon dont il avait résolu un problème spécifique de son époque : la fièvre puerpérale[4].

a) Un fait surprenant (phase 1)

Semmelweis travaille à Vienne en 1844. Il y dirige, dans le même hôpital, deux services d'obstétrique, et il est amené à faire une constatation assez bizarre : dans un des services qu'il dirige, le service A, il y a plus ou moins 10% de femmes qui meurent après leur accouchement d'une fièvre appelée «fièvre puerpérale», tandis que dans l'autre service, le service B, il n'y a que 2% de décès dus à cette maladie.

Or, rien n'explique cette différence, et certainement pas les théories généralement admises jusqu'alors.

b) *Des hypothèses explicatives falsifiées*

Semmelweis fait successivement plusieurs hypothèses qui s'avèrent fausses, entre autres :

– *Première hypothèse* (phase 2)

Sachant que le service A favorise un accouchement sur le dos, il avance une première explication possible : le fait d'accoucher sur le dos pourrait être la cause de la fièvre puerpérale.

– *Falsification de la première hypothèse* (phase 3)

L'hypothèse est appliquée par *déduction* : si les futures mères accouchent toutes sur le côté, le taux de mortalité dû à cette affection diminuera nécessairement.

Semmelweis *met à l'épreuve* cette hypothèse : il oblige toutes les femmes à accoucher sur le côté.

Malheureusement, aucun changement ne se produit : il y a toujours autant de décès. Son hypothèse est donc *infirmée*; elle n'est pas *valide*, il doit la rejeter et chercher une autre solution.

Reprenons le raisonnement de Semmelweis, il est la clé de voûte de la démarche scientifique. Si l'hypothèse est vraie, elle prévoit (implique) certains faits (ici la diminution de décès). Or ces faits ne se produisent pas, donc l'hypothèse est à rejeter.

Ce raisonnement est fondé sur la table de vérité de l'implication logique :

p	$\rightarrow$	q
1	1	1
1	0	0
0	1	1
0	1	0

où l'on voit à la deuxième ligne qu'on ne peut avoir en même temps un phénomène attendu q faux et une hypothèse p vraie. Le raisonnement (que les logiciens appellent «Modus Tollens») est le suivant : si l'hypothèse p est correcte, elle entraîne l'existence de q (p $\rightarrow$ q); or, q n'est pas réalisé (~ q), donc il faut rejeter p (~ p). Sous forme schématique :

$$\frac{\begin{array}{c}p \to q \\ \sim q\end{array}}{\sim p}$$

Constatons déjà que si l'on a le phénomène attendu q vrai, l'hypothèse p est vraie (première ligne de la table de vérité) OU fausse (troisième ligne). Nous reviendrons sur l'importance de ce point dans un instant.

– *Deuxième hypothèse* (retour à la phase 2)

Semmelweis avance alors une deuxième hypothèse : il constate que, dans la salle A, les futures accouchées sont terrorisées par le passage d'un prêtre portant les derniers sacrements aux malades. Il imagine que la terreur provoquée par le venue du prêtre apportant l'extrême-onction est la cause de la fièvre mortelle.

– *Falsification de la deuxième hypothèse* (phase 3)

Appliquons le raisonnement sous-jacent qui permettra la mise sur pied d'une expérimentation : si la fièvre puerpérale est produite par la terreur qu'inspire le passage du prêtre apportant le sacrement des malades, alors (*déduction*), si le prêtre ne passe plus par la salle où se trouvent les patientes, on doit s'attendre à une diminution des décès.

Semmelweis crée l'*expérimentation* qui lui permettra d'évaluer la pertinence de son hypothèse : il empêche le prêtre de passer dans la salle en question, et il examine les conséquences de son expérience : il constate qu'aucun changement ne se produit.

Donc, les causes psychologiques n'interviennent pas dans les raisons de cette affection mystérieuse.

Ce qu'il est important de retenir, c'est la *possibilité de vérification*. S'il est impossible d'imaginer une expérimentation capable de tester une hypothèse, cette hypothèse ne peut être du domaine des sciences nomothétiques (les sciences qui établissent des lois; le terme est de Piaget). Ainsi, affirmer que Dieu existe ou n'existe pas n'est pas une proposition de type scientifique, parce qu'il est impossible de mettre à l'épreuve (d'expérimenter) cette affirmation. Dire que la fièvre puerpérale est due au manque de vigilance des anges gardiens, qui, détournant pudiquement la tête lors de l'accouchement, laissent pénétrer les esprits malins dans le corps de la mère, ne serait pas une affirmation de type scientifique. Pour être scientifique, une hypothèse doit pouvoir être évaluée, c'est-à-dire être confrontée avec les faits; elle doit être *précise* : comment mettre en défaut (prouver la fausseté) des règles qui comprennent des mots comme «généralement, parfois, souvent»?

Une remarque importante : si logiquement il est possible de prouver la fausseté d'une hypothèse (cf. la table de vérité de l'implication ci-dessus), il est impossible logiquement de prouver la vérité d'une hypothèse (puisque la conséquence q peut être vraie dans deux situations, quand l'hypothèse p est vraie OU fausse). Cela signifie que les résultats scientifiques les plus certains sont des résultats négatifs (comme disent les scientifiques, «Rien jusqu'ici n'a prouvé la fausseté de notre hypothèse», ou, «Dans l'état actuel de nos connaissances, cette hypothèse est la meilleure, ...» jusqu'au moment où il s'avérera qu'elle est fausse, parce que certains faits l'infirmeront). La science avance en prouvant l'inadéquation de ses affirmations. Jacques Monod le dit très bien :

> La démarche d'un véritable homme de science consiste non pas à essayer désespérément de dire qu'il a raison, mais de prouver désespérément qu'il a tort (J. Monod, 1972, p. 29).

c) *Une hypothèse non falsifiée*

– *Nouvelle hypothèse* (retour à la phase 2)

Le hasard va aider Semmelweis et le sortir de sa perplexité. Un de ses collègues, au cours d'une autopsie, se donne malencontreusement un coup de scalpel et meurt. Or, les symptômes qui caractérisent son agonie ressemblent étrangement aux symptômes observés sur les accouchées décédées de la fièvre puerpérale. Semmelweis avance alors l'idée, sous le coup d'une pure impulsion (*priméité*), qu'une certaine matière cadavérique doit jouer un rôle dans tous ces décès : en effet, les étudiants exécutent les accouchements après leurs exercices d'autopsie, et cela uniquement dans le service A, le service B étant dans une autre aile que la salle d'autopsie.

– *Tentative de falsification de la nouvelle hypothèse* (phase 3)

Il teste immédiatement cette nouvelle hypothèse : si la matière cadavérique est cause de la fièvre puerpérale, alors (*déduction*), en obligeant les étudiants à se désinfecter les mains avec du chlorure de chaux (lavage antiseptique), on chassera la matière cadavérique et le taux de mortalité doit diminuer.

Le résultat est, cette fois, positif. On assiste à une brusque diminution des décès.

d) La phase inductive (phase 4)

L'hypothèse n'est pas infirmée. Il est dès lors possible de passer à la dernière étape, la plus audacieuse : la généralisation (*induction*). Cependant, l'hypothèse n'est que *vraisemblable*, elle n'est pas sûre pour autant, car si la déduction attendue s'est réalisée, elle ne prouve pas la vérité de l'hypothèse (cf. encore une fois la table de vérité de l'implication).

Et de fait, on découvrira plus tard que cette matière «cadavérique» peut exister sur des organismes vivants, et il faudra attendre les progrès de la bactériologie pour cerner davantage les réalités microbiennes.

e) Un nouveau fait surprenant (retour à la phase 1)

On voit que Semmelweis débouche sur un nouveau problème : qu'est exactement cette matière cadavérique ? Comment l'isoler ? Quelles sont ses caractéristiques ? Une nouvelle problématique scientifique est ouverte, un nouveau champ s'offre aux chercheurs : Semmelweis crée ainsi un nouveau «paradigme» scientifique (dans le sens de Th.S. Kuhn, 1972). Les problèmes, après les hypothèses de Semmelweis, ne se posent plus dans les mêmes termes ; on doit formuler d'autres questions, sur des bases conceptuelles différentes. On passe de la médecine archaïque à la médecine microbienne.

Nous voyons donc comment la science revient à une phase d'étonnement : des questions nouvelles interpellent, et, pour y répondre, on reprend la démarche hypothético-déductive à son point de départ. Une théorie n'est jamais qu'une explication plausible. Le travail de la science apparaît comme un processus continu.

Résumons :

Les étapes obligées de la démarche scientifique sont :

1) l'étonnement ;
2) l'hypothèse ;
3) la déduction ;
4) l'induction, et le processus reprend.

Nous n'approfondirons pas davantage la démarche hypothético-déductive dans la recherche scientifique, nous permettant de renvoyer le lecteur à des ouvrages spécialisés sur ce sujet[5].

Nous prendrons à présent, pour illustrer le processus de l'abduction, un exemple dans la conversation courante.

Nous avons dit que toute proposition appartenait à la classe des légisignes symboliques dicent. Ainsi, la proposition «Il fait froid ici», prononcée dans un contexte donné, est la réplique d'un légisigne. Elle représente, par convention (= symbole), le fait qu'il fait froid ici, dans le temps et le lieu de l'énonciation. Elle est interprétée au niveau du dicisigne, par une mise en relation de deux faits concrets : l'occurrence de la proposition et la situation de froidure actuelle.

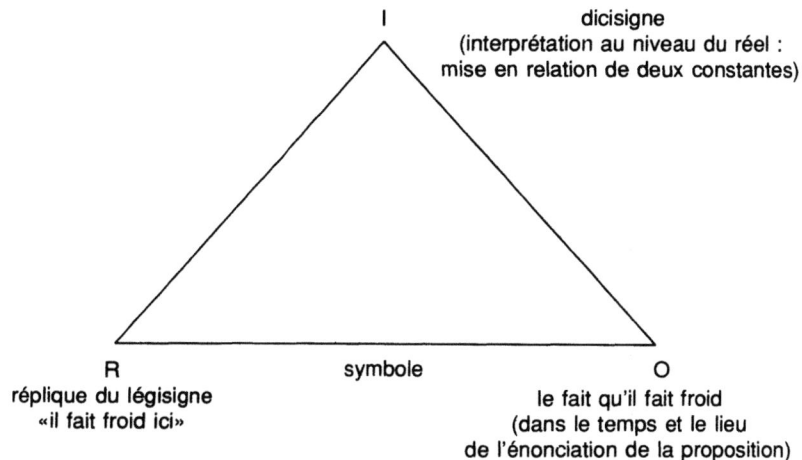

Cependant, l'énonciation «Il fait froid ici», dans un contexte particulier, pourrait représenter un autre objet que le simple fait qu'il fait froid, par exemple : une demande de fermer la fenêtre; une telle interprétation nécessiterait, de la part de l'auditeur, une abduction, que nous pouvons retracer comme suit :

1) *Un phénomène surprenant* : quelqu'un dit : «Il fait froid ici»; or la conversation ne portait pas du tout sur des considérations atmosphériques... Il faut ajouter que nous sommes dans une pièce dont la fenêtre est ouverte et que moi, l'auditeur, je me trouve à proximité de cette fenêtre.

2) *Une hypothèse explicative* : je me réfère à une règle qui fait partie d'un bagage communément partagé de connaissances à propos des faits pratiques et culturels : il fait moins froid dans une pièce lorsque la fenêtre est fermée. Je me suis déjà trouvé dans des situations semblables : quand on juge qu'il fait froid dans une pièce, on ferme la fenêtre. J'établis aussitôt un rapport entre ma connaissance antérieure et le dire actuel du locuteur, d'où l'hypothèse : le locuteur souhaite que je ferme la fenêtre.

3) *Une déduction* : je tire la conséquence de l'hypothèse, sous la forme d'une prédiction, et j'adopte une attitude correspondante : je ferme effectivement la fenêtre.

4) *Une induction* : le locuteur ne fait pas d'objection quand je ferme la fenêtre; au contraire, il me remercie : ce résultat vérifie mon hypothèse.

En résumé :

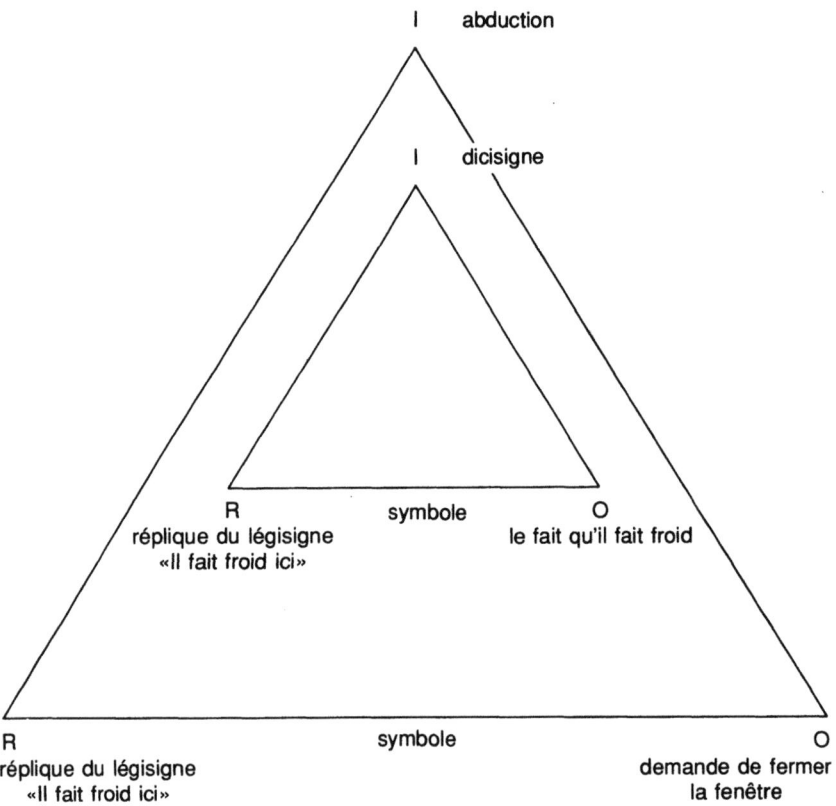

Nous voyons, par cet exemple, comment les abductions nous permettent de régler notre conduite :

> Une *abduction* est une méthode pour former une prédiction générale sans assurance positive qu'elle réussira dans un cas particulier ou d'ordinaire, sa justification étant qu'elle est le seul espoir possible de régler rationnellement notre conduite future, et que l'induction fondée sur l'expérience passée nous encourage fort à espérer qu'à l'avenir, elle réussira (Ch.S. Peirce, C.P. 2.270, D., p. 188).

Loin d'être exceptionnel, le processus d'interprétation que nous venons de décrire se trouve constamment à l'œuvre dans l'usage que nous faisons du langage pour communiquer entre nous. Communiquer ne consiste pas à formuler des propositions qui seraient immédiatement adéquates à la réalité et interprétables en termes de «vrai/faux» (dicisigne), du type «Il fait froid ici» signifie le fait qu'il fait froid ici, ou «Mon livre est bleu» signifie le fait que mon livre est bleu. Bien au contraire, communiquer implique une démarche conjointe des interlocuteurs pour élaborer un modèle de réalité sur lequel ils ont à se mettre d'accord. F. Jacques (1979 et 1985) analyse cette démarche de la relation interlocutive. Au début de leur relation, les interlocuteurs ne possèdent pas exactement le même code, ils n'opèrent pas les mêmes prélèvements dans le champ sémantique des unités lexicales (phénomène de bi-codification). Leur contexte de référence diffère également (phénomène de bi-contextualisation). Lorsqu'ils entrent en relation interlocutive à propos d'un état de choses réel, leur effort bilatéral pour acquérir un modèle de réalité commun (pour co-référer) les conduit à faire des conjectures sur ce que les mots veulent dire pour leur partenaire dans le contexte où ils se trouvent, et à opérer des transgressions sur le code qu'ils possédaient chacun antérieurement. Ils parviennent ainsi, par abductions successives, à instaurer des significations nouvelles, à parler de ce pour quoi ils n'avaient pas, au départ, de langage strictement adéquat.

5. SYNTHESE : LES CATEGORIES DANS LE PROCESSUS SEMIOTIQUE

5.1. *CONSTANCE DES CATEGORIES*

Tout au long de notre exposé, nous avons retrouvé, aux différentes articulations du processus sémiotique, les trois catégories philosophiques fondamentales. Il importe de bien saisir la valeur spécifique de chacune des catégories, qui reste constante à tous les niveaux où les catégories interviennent. Ainsi, le representamen, le qualisigne, l'icône, le rhème et l'abduction relèvent de la même catégorie : la priméité. L'objet, le sinsigne, l'indice, le dicisigne et l'induction appartiennent à la secondéité.

L'interprétant, le légisigne, le symbole, l'argument et la déduction constituent la tiercéité.

Nous allons récapituler rapidement le réseau sémantique des trois catégories.

La *priméité* est l'ordre de la qualité, donc de la totalité, de l'intemporel (qualisigne); elle ne comprend rien d'autre qu'elle-même, la seule relation qu'elle puisse susciter est de la similarité (icône); elle est indépendante de toute matérialisation, pure potentialité (representamen), possibilité (rhème), hypothèse (abduction).

La *secondéité* est l'ordre de l'individuel, de l'événement situé dans un contexte particulier (sinsigne); elle repose sur des faits réels (induction); elle fait référence à autre chose qu'elle-même : un second (objet), qu'elle indique (indice), avec lequel elle entretient une relation dans la réalité (dicisigne).

La *tiercéité* est l'ordre de la loi, du système (légisigne), de la relation entre un premier et un second (interprétant), dont elle donne la règle (argument), qui s'applique nécessairement (déduction), par habitude ou convention (symbole).

Nous pouvons représenter, dans un tableau à double entrée, la position des catégories dans le processus sémiotique :

		1 signe en soi representamen	2 signe-objet	3 signe- interprétant
priméité possibilité	1	qualisigne	icône	rhème
secondéité réel	2	sinsigne	indice	dicisigne
tiercéité nécessité	3	légisigne	symbole	argument

Nous reprenons également tous ces termes sur le schéma triangulaire suivant, en espérant offrir ainsi au lecteur une meilleure visualisation de l'ensemble des trichotomies que nous avons développées :

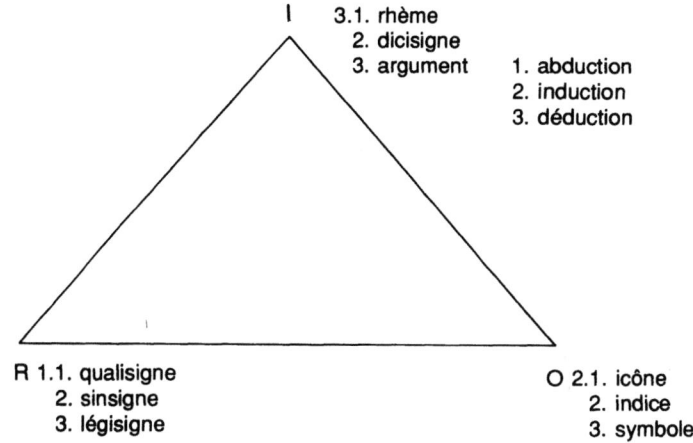

5.2. HIERARCHIE DES CATEGORIES

La priméité ne comprend qu'elle-même, tandis que la secondéité comprend la priméité, et que la tiercéité comprend à la fois la secondéité et la priméité. Il existe donc, dans le processus sémiotique, un principe de hiérarchie des catégories, selon lequel un representamen (premier) ne peut renvoyer à un objet (second) d'une catégorie supérieure, et l'interprétant (troisième terme) ne peut, à son tour, appartenir à une catégorie supérieure à celle de l'objet. Par exemple, un sinsigne (representamen de catégorie 2) ne peut pas être un symbole (objet de catégorie 3), mais il peut être considéré comme une icône (objet de catégorie 1) ou un indice (objet de catégorie 2); un signe indiciel (objet de catégorie 2) ne peut pas être interprété au niveau de l'argument (interprétant de catégorie 3), mais il peut l'être au niveau du rhème (interprétant de catégorie 1) et au niveau du dicisigne (interprétant de catégorie 2).

En tenant compte des catégories et de leur hiérarchie, on a pu répertorier dix modes de fonctionnement de la signification; nous les avons illustrés au fur et à mesure de notre exposé, et nous les rappelons ici, avec un exemple pour chaque cas (R, O, I indiquent respectivement le representamen, l'objet et l'interprétant) :

94   LE PROCESSUS INTERPRETATIF

       R O I
1) 1 1 1   qualisigne iconique rhématique : un sentiment vague de peine.
2) 2 1 1   sinsigne iconique rhématique : une maquette.
3) 2 2 1   sinsigne indiciel rhématique : un cri spontané.
4) 2 2 2   sinsigne indiciel dicent : une girouette.
5) 3 1 1   légisigne iconique rhématique : une onomatopée : «cocorico».
6) 3 2 1   légisigne indiciel rhématique : un embrayeur : «je».
7) 3 2 2   légisigne indiciel dicent : un feu rouge en contexte.
8) 3 3 1   légisigne symbolique rhématique : un nom commun : «pomme».
9) 3 3 2   légisigne symbolique dicent : une proposition : «il fait froid ici».
10) 3 3 3   légisigne symbolique argumental :
          (1) abduction : «il fait froid ici» interprété comme une demande de fermer la fenêtre.
          (2) induction : «il n'y a pas de fumée sans feu».
          (3) déduction : le feu rouge en général dans le code de la route.

La liste ci-dessus représente, non *pas des classes de signes* dans lesquelles on pourrait ranger les phénomènes en leur appliquant une étiquette, mais des *niveaux différents d'interprétation* auxquels on peut soumettre un même phénomène, comme nous allons le montrer dans l'exemple suivant.

5.3. UN EXEMPLE D'INTERPRETATION

Considérons *l'empreinte d'un pied sur le sable* :

1) Il s'agit d'un phénomène spatialement localisé (un sinsigne), dont la forme ressemble à un pied (icône); nous y reconnaissons les traits pertinents de n'importe quel pied (rhème). Une telle interprétation se situe dans le moment *présent* :

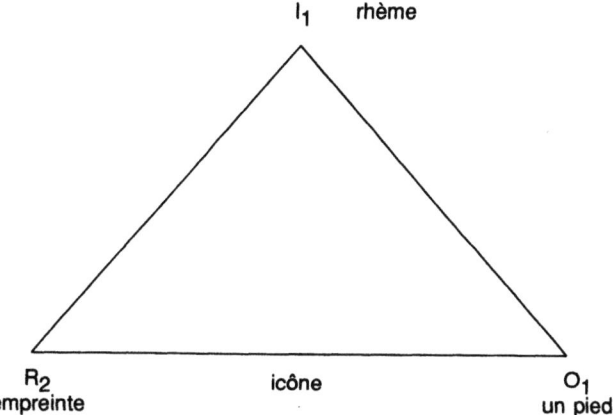

2) Nous pourrions éventuellement nous absorber dans la contemplation *intemporelle* de cette forme inscrite dans la matière (qualisigne iconique rhématique) et exprimer peut-être, par le biais d'une photographie, une émotion plastique.

3) Plus probablement, nous prendrons en considération le *passé*, le contexte de production du phénomène : cette empreinte a été réellement causée par quelqu'un qui est passé là (indice). Notre interprétation mettra alors en relation deux faits concrets : cette empreinte et un pied particulier qui l'a produite (dicisigne) :

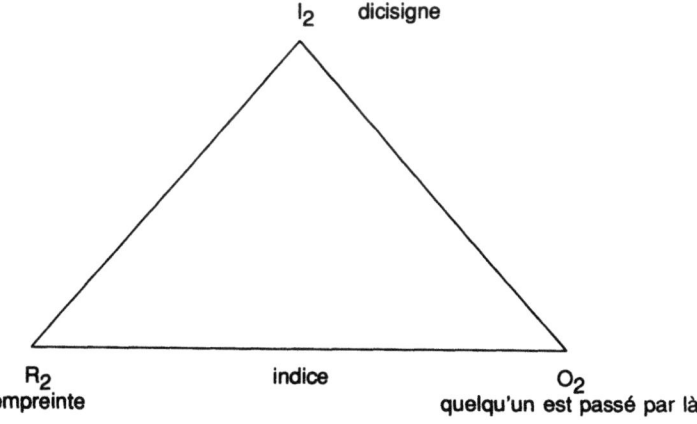

4) Mais supposons un détective sur la piste d'un assassin... Il reconnaît dans cette empreinte une réplique d'un modèle (légisigne) qu'il a repéré précédemment. Ce qui intéresse le détective, c'est de savoir où se trouve effectivement celui qu'il recherche, et pas seulement de constater qu'il est passé là. Donc l'objet auquel renvoie l'empreinte est localisé dans le *futur* : l'empreinte devient alors, pour le détective, un symbole de la direction à suivre ; grâce à l'empreinte, il peut prédire la direction dans laquelle il lui convient de poursuivre sa recherche. Pour que le phénomène puisse fonctionner comme symbole, il faut tout d'abord que son aspect iconique et indiciel ait été perçu ; il faut ensuite le considérer comme la réplique d'un modèle, et faire appel, pour l'interpréter, à un argument. Il s'agit ici d'une abduction : «Ceci est l'indice du passage de l'assassin ; on peut supposer que celui qui est passé là a continué dans cette direction». Le détective adopte alors un comportement conforme à cette hypothèse : il continue dans la même direction :

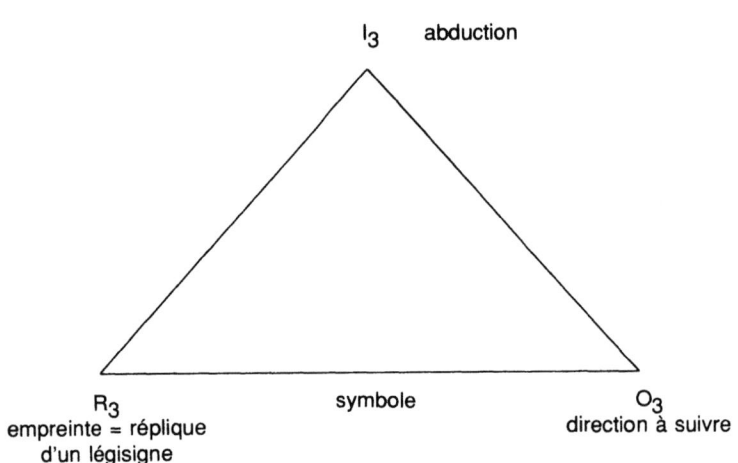

Notons que la situation du détective diffère de celle d'un *jeu de piste*, où des flèches sont utilisées comme autant de répliques d'un légisigne, symbole de la direction à suivre, selon un code établi *a priori*, dont l'interprétation se fait par déduction ; les répliques ont été placées intentionnellement pour indiquer la piste :

LE PROCESSUS SEMIOTIQUE 97

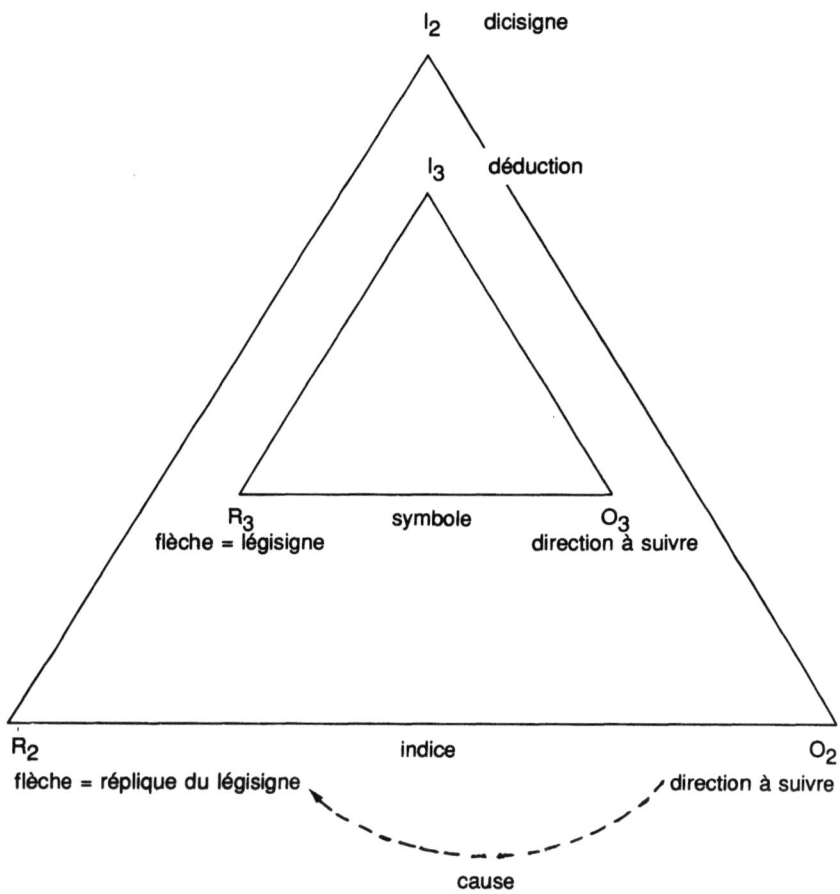

Nous allons, pour terminer, donner un exemple très clair reprenant les différents niveaux de l'interprétation d'une empreinte. Il s'agit d'un extrait d'une bande dessinée de Hergé (*Tintin au Tibet*, Casterman, 1960, pp. 25-26). Que le lecteur qui jugerait ce support trop naïf et mal venu dans un exposé «scientifique» nous pardonne, en sachant que Peirce lui-même recourait constamment à des exemples très concrets pour illustrer sa pensée. Peirce nous excuserait certainement, comme il demande à ses lecteurs de l'excuser :

> Je dois m'excuser d'introduire semblable bouffonnerie («such buffoonery») dans des leçons sérieuses. Je le fais parce que je crois sérieusement qu'un peu de sel conforte la pensée («a bit of fun helps thought») et tend à la garder pragmatique (Ch.S. Peirce, C.P. 5.71).

Voici donc quatre vignettes successives extraites de *Tintin au Tibet* :
Première vignette :

Le guide tombe en arrêt devant un phénomène surprenant (*première phase d'une abduction*) et son attitude intrigue Tintin et le Capitaine qui le suivent. Le phénomène n'est pas encore montré au lecteur, mais l'*étonnement* se répercute déjà sur Tintin et le Capitaine (voir les points d'interrogation).

Deuxième vignette :

L'image peut être découpée obliquement en trois zones, correspondant, de la droite vers la gauche, à trois niveaux d'interprétation du phénomène.

1) Le phénomène est montré simultanément aux deux amis et au lecteur. Celui-ci découvre, dans la partie droite de l'image, une série d'empreintes dans la neige. A ce niveau, il ne s'agit que d'un *sinsigne iconique rhématique* : perception d'empreintes quelconques, relativement grandes (la présence de Milou juste à côté de la première empreinte permet la mise à l'échelle).

2) Quant à Milou, que «l'instinct animal» ne trompe jamais, il sent, dans ces empreintes, le passage d'un ennemi : il grogne; il exprime ainsi, à sa façon, l'interprétation d'un *sinsigne indiciel dicent*.

3) Cette interprétation est d'ailleurs confirmée, et, en même temps, dépassée par Tintin qui formule aussitôt une hypothèse : ces traces sont celles de l'Abominable-Homme-des-Neiges. Cette hypothèse lui est venue spontanément à l'esprit (voir les trois points d'exclamation) : c'est la *deuxième phase d'une abduction*, qui interprète les empreintes comme étant des répliques d'un *légisigne symbolique*.

Troisième vignette :

Le capitaine formule une autre hypothèse : ce sont des traces d'ours. Nous sommes toujours dans la *deuxième phase d'une abduction*.

Pendant ce temps, le gros plan sur l'empreinte permet au lecteur de s'absorber dans la contemplation du phénomène, de son caractère effrayant (*qualisigne iconique rhématique*), d'autant plus que l'image ne montre que les pieds des deux amis à côté de l'empreinte géante.

Quatrième vignette :

Le capitaine applique son hypothèse par déduction : «Il n'y a qu'à suivre cette piste», pour la tester ensuite par induction : «Nous allons bien voir!» (*troisième et quatrième phases de l'abduction*).

Cependant Tintin n'a pas renoncé à la première hypothèse, qu'il partage avec le guide. Et leur attitude est une application directe de cette hypothèse : puisque la trace est celle de l'Abominable-Homme-des-Neiges, il faut être prudent !

Le passage que nous venons de lire constitue un temps fort dans le récit de *Tintin au Tibet* : c'est la situation qui se trouve précisément représentée sur la couverture de l'album.

En quatre vignettes, les personnages de la bande dessinée ont suivi une démarche interprétative typique, qui les a conduits de la *perception* (première vignette) à l'*action* (quatrième vignette), par le biais de la *pensée* (deuxième et troisième vignettes).

C'est essentiellement ce type de démarche cognitive que la théorie sémiotique de Peirce permet de saisir, grâce à sa conception générale, triadique et pragmatique de la signification.

NOTES

[1] Nous verrons plus loin que ce type d'interprétant est un «rhème».

[2] On trouve dans les textes de Peirce d'autres classifications des interprétants : il y est question parfois d'interprétant immédiat, dynamique et final; et d'interprétant affectif ou émotionnel, énergétique et logique. Sur les rapports à établir entre ces différentes classifications, les avis sont divergents. Pour certains (P. Thibaud, 1983), l'interprétant immédiat représente la pure potentialité interprétative du signe, l'interprétant dynamique est l'actualisation de l'interprétant immédiat, et l'interprétant final est l'interprétation vers laquelle tendent les divers interprétants dynamiques; l'interprétant final peut être soit émotionnel, soit énergétique, soit logique. Pour d'autres (G. Deledalle, 1979, p. 69), les interprétants affectif, énergétique et logique correspondent respectivement aux interprétants immédiat, dynamique et final. D'autres encore (D. Savan, 1980, pp. 19-22; Th. Calvet de Magalhaes, 1981, pp. 174-189) considèrent les interprétants affectif, énergétique et logique comme une sous-division de l'interprétant dynamique.

Nous n'entrerons pas dans ce débat sur l'interprétation des textes de Peirce. L'essentiel, nous semble-t-il, est de reconnaître, à travers chacune des classifications, les trois catégories phanéroscopiques. Pour nous, un interprétant «émotionnel» ou «immédiat» correspond à l'interprétant rhématique (priméité); un interprétant «énergétique» ou «dynamique» est dicent (secondéité); et un interprétant «logique» ou «final» a la forme d'un argument (tiercéité). Nous ne parlerons donc ici que d'une seule trichotomie de l'interprétant, celle qui nous est apparue la plus utile dans la pratique des analyses : la classification en rhème, dicisigne et argument (avec trois sous-catégories d'arguments : l'abduction, l'induction et la déduction).

[3] Ce schéma, qui représente l'interprétation du lexème «pomme» comme légisigne symbolique rhématique, correspond au «triangle de la signification» repris par les linguistes :

> On représente traditionnellement la signification comme une relation triadique qu'on peut subséquemment analyser en trois relations doubles dont deux sont fondamentales et la troisième dérivée. Depuis Ogden et Richards (1923), on a pris l'habitude d'utiliser un diagramme en forme de triangle (cf. fig. 2).

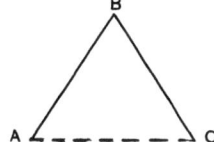

Fig. 2. Le triangle de la signification

> Dans la figure 2, nous avons utilisé des lettres pour chaque angle du triangle. Pour l'instant nous dirons que A est le signe, B le concept et C le significatum. Ceci correspond à la maxime scolastique : «Vox significat (rem) mediantibus conceptibus» (cf. Ullmann, 1957). On pourrait traduire cette maxime comme suit : «le mot signifie (la chose) par l'intermédiaire de concepts» (...) Il faut également noter que les spécialistes qui utilisent le terme de significatum ne sont pas tous d'accord sur sa définition. Morris (1946), par exemple, dirait que B est le significatum de A et C son denotatum (...). Comme Ogden et Richards, nous avons indiqué le fait que la relation entre un lexème (A) et son significatum (C) est indirecte, puisque médiatisée par un concept (B), en traçant une ligne en pointillés de A à C (...). Ogden et Richards appellent le terme (C) le référent (J. Lyons, 1978, pp. 83-84).

[4] Cf. I.Ph. Semmelweis (1977) et C.G. Hempel (1972).

[5] Sur la démarche hypothético-déductive dans la recherche scientifique, voir J. Chenu (1984) pour la présentation de Peirce; K. Popper (1973, 1978); pour une confrontation très claire entre Peirce et Popper, Ch. Chauviré (1981, a et b); et, pour un examen approfondi de la problématologie scientifique et de la justification logico-expérimentale, M. Meyer (1979).

i

Chapitre 4
Symbolisme, réel, imaginaire

La phanéroscopie de Peirce nous permet d'établir un rapport entre le «symbolisme» (tiercéité), le «réel» (secondéité) et l'«imaginaire» (priméité), et de décrire toute expérience artistique par le mouvement dialectique qui s'opère entre ces trois catégories.

1. DIVERSES CONCEPTIONS DU SYMBOLISME ET DE L'IMAGINAIRE

De nombreuses études ont été consacrées au «symbolisme» et à l'«imaginaire», dans diverses perspectives théoriques, relevant de la philosophie, de l'anthropologie, de la psychologie, de la psychanalyse ou de la poétique. Certaines théories désignent du nom de «symbolisme» ce qui, pour d'autres, appartient à l'«imaginaire». On a rangé, sous l'une ou l'autre de ces deux étiquettes, des phénomènes aussi différents que les rêves, les mythes, les psychopathologies ou la création artistique. L'imaginaire est, selon les cas, présenté négativement, comme une régression, ou positivement, comme une force novatrice.

Fort couramment, l'imaginaire est conçu comme une fausse représentation du réel, comme le domaine des fantasmes et des leurres, auquel l'individu doit s'efforcer d'échapper pour entrer dans l'ordre symbolique et acquérir, par sa soumission à la loi, un statut de sujet. On peut lire ce genre de conception du rapport entre l'imaginaire et le symbolisme (ou le «symbolique»), par exemple, chez A. Delzant :

> Il se pose donc un problème d'accession au symbolique, et de promotion de l'individu de l'imaginaire au symbolique (A. Delzant, 1978, p. 33).
>
> L'imaginaire est la situation d'un désir dévorant qui ne connaît pas son objet, qui veut tout, tout de suite dans une immédiateté qui ne souffre aucun délai. (...) C'est aussi cet imaginaire qui va avoir à s'éduquer au contact de la réalité, en apprenant à perdre l'indistinction de la totalité, pour prendre la mesure des limites, écarts, différences et délais qui organisent le monde. Le symbolique, au contraire, c'est le monde de la relation différenciée, du désir qui a accepté de se dégager de ses leurres, et qui reçoit de l'autre la reconnaissance, qu'il lui donne en retour (*Id.*, p. 34).

Cette conception de l'imaginaire comme «immédiateté», «indistinction de la totalité» correspond bien, chez Peirce, à la catégorie de la priméité; et l'ordre symbolique de la «relation différenciée» est bien celui de la tiercéité.

Mais nous ne suivons pas du tout A. Delzant dans le rapport qu'il établit entre l'imaginaire, le symbolique et le réel.

Pour nous, l'imaginaire n'a pas «à s'éduquer au contact de la réalité». C'est, au contraire, notre connaissance de la réalité qui s'enrichit au contact de l'imaginaire. Le problème pour l'individu n'est pas d'accéder de l'imaginaire au symbolisme, mais d'accéder distinctement, à travers le symbolisme, au réel et à l'imaginaire; et, ensuite, d'aborder le réel de façon sans cesse renouvelée grâce à un mouvement dialectique entre le symbolisme et l'imaginaire.

2. LE SYMBOLISME ET LA DISTINCTION ENTRE LE REEL ET L'IMAGINAIRE

L'homme se situe dans le symbolisme : sa pensée est constituée de signes. C'est par l'intermédiaire de codes (tiercéité) que l'homme peut saisir le réel (secondéité) et le possible (priméité).

Dans la *Critique de la faculté de juger* (§ 76), Kant considère que le critère spécifique permettant de définir l'entendement humain réside dans la faculté de distinguer entre réalité et possibilité :

```
possible ≠ réel
   1       2
```

En effet, les êtres inférieurs à l'homme et les êtres supérieurs ne font pas de différence entre le possible et le réel : les animaux réagissent à des stimuli physiques actuels, mais ils ne peuvent concevoir de choses possibles; quant à l'esprit divin, tout ce qu'il pense est automatiquement réel. La notion de «possible» n'apparaît donc qu'au niveau de l'entendement humain :

> Il est absolument nécessaire pour l'entendement humain de distinguer la possibilité et la réalité des choses. La raison s'en trouve dans le sujet et la nature de ses facultés de connaître. Il n'y aurait pas une telle distinction (entre le possible et le réel) si pour leur emploi deux moments tout à fait hétérogènes n'étaient nécessaires : l'entendement pour les concepts et l'intuition sensible pour les objets, qui leur correspondent (E. Kant, 1968, p. 216).

Kant n'utilise que deux catégories pour décrire l'entendement humain : l'intuition sensible qui nous donne le réel, d'une part; et, d'autre part, «les concepts qui se rapportent simplement à la possibilité d'un objet». Il ne fait pas de distinction entre la «possibilité» et les «concepts», qui, selon Peirce, appartiennent à deux catégories phanéroscopiques distinctes : la priméité pour la possibilité, et la tiercéité pour les concepts.

La présentation que fait Kant en deux pôles (réel/possible) n'explique pas comment l'entendement humain parvient à distinguer ces deux catégories. Il faut, pour l'expliquer, l'intervention d'une troisième catégorie : la tiercéité, le symbolisme.

C'est parce que la pensée humaine est une *pensée symbolique* qu'elle est capable d'opérer une *distinction entre le réel et le possible* :

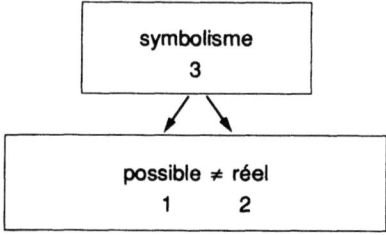

E. Cassirer (1975, pp. 85-87) montre que dans certaines conditions où la fonction de la pensée symbolique ne peut s'exercer pleinement (maladies mentales), la différence entre le réel et le possible tend à s'effacer. Ainsi, les aphasiques, pourvus d'un code symbolique déficient (ils ont perdu l'usage de certaines classes de mots), sont incapables de penser à des états de choses hypothétiques et d'en parler :

> Un malade (aphasique) atteint d'une hémiplégie, d'une paralysie de la main droite, ne pouvait par exemple prononcer les mots : «Je peux écrire de la main droite». Il refusait même de les répéter quand le médecin les lui disait. Mais il pouvait facilement dire : «Je peux écrire de la main gauche», car c'était pour lui l'énoncé d'un fait et non d'un cas hypothétique ou irréel (E. Cassirer, 1975, p. 87).

Inversement, dans de nombreux cas de folie, une situation purement hypothétique est prise pour la réalité : le fou se considère réellement, par exemple, comme étant Napoléon.

C'est donc par le biais de la pensée symbolique que nous accédons, distinctement, au réel et au possible (à l'imaginaire).

Le symbolisme est l'ordre de la *tiercéité* : de la pensée, du langage, de la *culture*.

Cet ordre nous permet d'appréhender, distinctement, la *secondéité* et la *priméité* : le *réel* et le *possible*. Mais la distinction est au prix de l'écart. Saisir, en les distinguant, le réel et le possible nécessite une mise à distance.

3. LE SYMBOLISME ET LA CONNAISSANCE DU REEL

Nous n'avons pas un accès immédiat au réel; nous nous constituons un modèle de la réalité à l'aide d'une interprétation d'ordre symbolique. Une telle interprétation repose sur des codes culturellement partagés, qui se sont formés et évoluent au cours des processus communicationnels. Ces codes fonctionnent comme des filtres : ils nous permettent de saisir le réel, mais il s'agit d'un réel déjà pensé, pré-interprété :

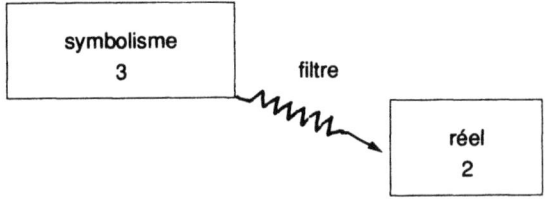

Nous n'avons accès à la réalité qu'à travers les codes : par exemple, nous ne pouvons penser que par l'intermédiaire du langage, qui structure la réalité, qui nous donne un modèle du réel :

> Les mots sont des «mots d'ordre» qui nous obligent en les employant à penser dans un certain ordre établi d'avance (R. Magritte, cité par G. Roques, 1983, p. 61).

Dès lors, toute tentative de penser «autrement», de concevoir autrement le réel, implique une démarche de déconstruction des codes.

Ce processus caractérise non seulement l'usage poétique du langage, mais également toute création artistique.

4. LE SYMBOLISME ET L'IMAGINAIRE : UNE NOUVELLE CONNAISSANCE DU REEL

C'est également à travers le symbolisme que nous accédons à l'imaginaire : la saisie d'un possible encore non formulé (priméité) présuppose, simultanément, la maîtrise des codes (tiercéité) et leur transgression.

L'imaginaire ne peut se formuler que dans le symbolisme. S'il ne se formule pas, c'est l'indistinction, le chaos, la folie. Mais il ne peut se formuler qu'en ébranlant le symbolisme. Du pôle de la priméité surgissent des forces qui s'infiltrent dans les codes et les bousculent :

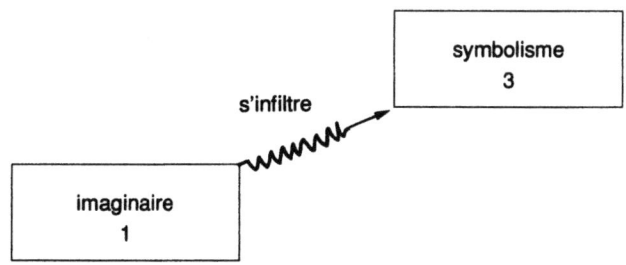

Le symbolisme transgressé, les filtres permettant d'appréhender le réel se trouvent modifiés. Il s'ensuit une connaissance du réel nouvelle, encore informulée :

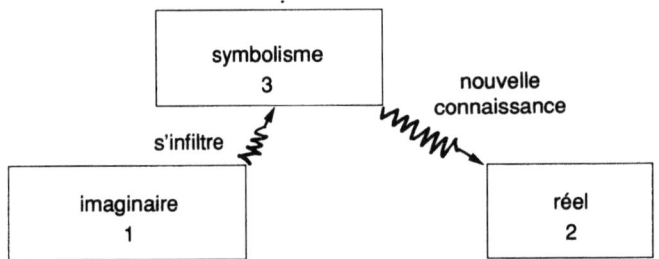

Mais aussitôt, l'imaginaire est récupéré par le symbolisme; il se sclérose, il se réduit en symboles, il se fige en vérités établies; il devient du symbolisme, qui devra, à son tour, être bousculé par l'imaginaire pour produire de la connaissance nouvelle.

Loin d'être une régression vers un état de «Nature» antérieur, l'imaginaire nous apparaît comme un lieu de construction où s'invente perpétuellement un nouveau symbolisme par subversion du symbolisme préexistant.

Il ne s'agit pas, pour nous, de prôner un retour au chaos primitif, il ne s'agit *pas* d'*ignorer* l'ordre symbolique, mais, au contraire, de le *posséder* suffisamment pour être capable de soudain le *refuser*, et d'y inscrire une déviation qui provoquera l'étonnement, soulèvera un questionnement, donnera «à penser».

F. Alquié se posait, de façon assez semblable, la question du rapport entre la «conscience affective» et la «conscience intellectuelle» :

> La conscience affective est-elle refus du réel objectif ou ignorance de ce réel? (F. Alquié, 1979, p. 125).
>
> La conscience affective apparaît d'abord au sein de la pensée primitive. Sous sa forme initiale, elle est ignorance plus que refus : elle ne connaît aucun objet. Contrairement à l'animal, l'homme naît sans savoirs innés. Mais bientôt s'installe, près de la conscience affective, la conscience intellectuelle, qui l'éclaire de ses leçons. Nous apprenons qu'il y a un univers extérieur, un espace et un temps, conditions de l'objectivité. Dès lors tout est changé, et la conscience affective doit passer de l'ignorance au refus : elle apparaît ainsi comme seconde par rapport à l'intellectuelle (*Id.*, p. 126).

Tandis que la «conscience intellectuelle» désigne la tiercéité de l'ordre symbolique, la «conscience affective» dont parle F. Alquié correspond bien à la priméité de Peirce. L'intrusion de la priméité, en produisant une faille dans le code, provoque l'étonnement; et l'abduction, qui est un argument suscité par la priméité, se fonde sur l'étonnement. De même, pour F. Alquié, c'est dans la conscience affective que se produit l'expérience de l'*étonnement* :

Les «pourquoi» se formulent, sinon dans la conscience affective (puisqu'elle ne formule rien), du moins à partir d'elle (F. Alquié, 1979, p. 127).

Bien sûr, la conscience affective, comme la priméité, se caractérise par l'indistinction, la totalité, l'intemporalité :

L'adulte lui-même ne sait qu'il doit mourir que par sa conscience intellectuelle : sa conscience affective l'ignore, et vit un perpétuel présent (F. Alquié, 1979, p. 142).

Mais laisser s'épanouir la conscience affective ne signifie pas régresser vers une confusion antérieure à la culture :

Il convient de ne pas identifier, sans plus ample examen, une confusion primitive, antérieure à l'apparition de tout principe de distinction, et une confusion acquise, postérieure à la séparation, et propre à la conscience affective telle qu'elle se maintient, à côté de la conscience intellectuelle, comme son adversaire et son ennemie (F. Alquié, 1979, p. 139).

En accord avec F. Alquié, nous considérons l'intrusion de l'imaginaire (priméité-conscience affective)[1] dans le symbolisme (tiercéité-conscience intellectuelle) comme un gain, une «confusion *acquise*», mais contrairement à lui, nous ne situons pas l'imaginaire *à côté* du symbolisme, «comme son adversaire et son ennemi»; nous insistons plutôt sur l'*interaction* des deux catégories, d'où résulte une nouvelle connaissance du réel.

Résumons :

C'est le symbolisme qui permet l'accès au réel : non pas au réel en soi, mais à un réel *filtré*, pré-interprété par les codes.

C'est également le symbolisme qui permet l'accès à l'imaginaire, distinct du réel : l'imaginaire *s'infiltre* dans les mailles des codes.

L'imaginaire, par le mouvement de son infiltration dans le symbolisme, provoque un déplacement dans les codes, une modification des filtres, et permet donc un autre accès au réel : la découverte d'un aspect du réel non encore interprété, une connaissance encore informulée.

Cependant, dans le même mouvement, l'imaginaire est récupéré par le symbolisme, qui s'en trouve enrichi et se stabilise... jusqu'à la prochaine irruption des forces de l'imaginaire.

Le processus que nous venons de résumer nous semble caractéristique de toute expérience artistique.

5. L'EXPERIENCE ARTISTIQUE

L'œuvre d'art est un événement (donc de l'ordre de la secondéité) par lequel de la priméité s'infiltre dans la tiercéité. Cet événement se produit lors de la création de l'œuvre et, tout autant, lors de chacune de ses réceptions-interprétations qui réactivent le mouvement originaire. Toute expérience artistique, qu'il s'agisse de production ou de réception, implique la double nécessité de maîtriser un symbolisme, et de le rompre pour permettre l'intrusion des forces de la priméité que nous nommerons «imaginaire».

C'est bien de «forces» qu'il s'agit, et de leur irruption soudaine, du régime de la priméité, ce «premier» que Peirce qualifiait de «présent, immédiat, frais, nouveau, initial, spontané, libre, vif, conscient et évanescent».

Et le propre de l'art est de «capter des forces» :

C'est ainsi que la musique doit rendre sonores des forces insonores, et la peinture, visibles, des forces invisibles. Parfois ce sont les mêmes : le temps, qui est insonore et invisible, comment peindre ou faire entendre le temps? Et des forces élémentaires comme la pression, l'inertie, la pesanteur, l'attraction, la gravitation, la germination? Parfois au contraire, la force insensible de tel art semble plutôt faire partie des «données» de tel autre art : par exemple le son, ou même le cri, comment les peindre? (Et inversement faire entendre des couleurs?) (G. Deleuze, 1981).

L'art consiste à saisir de telles forces dans les filets du symbolisme, à les projeter, disait P. Klee, sous la forme de symboles :

Je n'outrepasse ni les limites du tableau, ni celles de la composition. Mais j'en élargis le contenu en donnant au tableau de nouveaux contenus, ou plutôt des contenus qui ne sont pas nouveaux, mais qui jusqu'ici n'ont pas, ou n'ont guère été vus. Evidemment, ces contenus, comme les autres, restent du domaine de la nature — non sans doute du domaine des apparences de la nature, telles que le connaît le naturalisme, mais du domaine de ses possibilités : ils donnent des images d'une nature en puissance (...). Je dis souvent (...) que des mondes se sont ouverts et s'ouvrent sans cesse à nous, mondes qui appartiennent eux aussi à la nature, mais qui ne sont pas visibles pour tous, qui ne le sont peut-être vraiment que pour les enfants, les fous, les primitifs. Je pense par exemple au royaume de ceux qui ne sont pas nés ou qui sont déjà morts, au royaume de ce qui peut venir, de ce qui aspire à venir, mais qui ne viendra pas nécessairement — un monde intermédiaire, un entremonde. Pour moi, du moins, monde intermédiaire. Je l'appelle entremonde, parce que je le sens présent entre les mondes que nos sens peuvent percevoir extérieurement, et parce qu'intérieurement je peux l'assimiler suffisamment pour être capable de le projeter hors de moi sous forme de symbole (P. Klee, cité par J.F. Lyotard, 1971, p. 224).

L'œuvre d'art résulte toujours d'une tentative de matérialiser des forces, des intensités virtuelles, c'est-à-dire des «qualisignes». Cette tentative ne peut réussir en dehors du symbolisme. On ne peut transmettre (exprimer-communiquer) un qualisigne que dans les ruptures d'un code suffisamment maîtrisé. Tenter de le faire apparaître «directement» est voué à l'échec.

Ainsi le photographe Edward Weston a-t-il échoué dans son projet de matérialiser, tout simplement, l'«épiphanie de l'être». Dans son journal, il s'est expliqué sur son intention de chercher à saisir, dans l'empiricité contingente et transitoire, la présence immuable, définitive, intemporelle de la «Nature». Photographiant une série de coquillages, il comptait fixer sur la pellicule l'essence même de ces objets, dans leur plénitude. Mais ce «qualisigne» ne passe pas : l'œuvre a été interprétée, par les amis du photographe, selon une grille symbolique, celle du symbolisme sexuel :

> Weston a eu le malheur d'expérimenter personnellement le gouffre séparant sa conception théorique du statut communicationnel effectif de ses images. L'occasion en fut fournie par eette même série des *Coquillages Nautilus*, véritables images-emblèmes de son art. En vertu de sa théorie, ces images devaient présenter l'essence du coquillage Nautilus, et, de manière plus fondamentale encore, l'essence de la «choséité», de la «Nature». Or, les *Daybooks* nous apprennent que les amis de Weston, pour la plupart artistes eux aussi, et partageant manifestement son idéologie d'un sémantisme iconique, ont réagi de manière parfaitement inadéquate (selon Weston), ressentant essentiellement un choc physique, érotique, voire sexuel. (...) Ce qui voulait être l'épiphanie de la nature devient donc le prétexte à des divagations érotiques. Weston aurait d'ailleurs dû prévoir ces réactions : la mise en valeur iconique de l'antre des coquillages, ainsi que l'idée, passablement absurde il faut bien l'avouer, qu'il avait eue de présenter deux coquillages s'interpénétrant, sans même parler de la connotation linguistique du terme *shell*, pouvaient difficilement ne pas donner naissance à des associations sexuelles. Bien entendu, il proteste contre ces interprétations : «Non, je n'avais pas de pensées physiques, je n'en ai jamais. Je travaillais selon une vision plus claire, celle de la forme esthétique pure. Je sais ce que je réalisais de l'intérieur, mon sentiment de la vie tel que je ne l'avais jamais encore enregistré. Ou plutôt, lorsque les négatifs étaient développés, je réalisais ce que j'avais ressenti — car en travaillant j'avais été on ne peut plus non conscient de ce que je faisais». L'épiphanie de la vie qu'avait ressentie Weston, cette expérience existentielle d'une révélation ontologique de l'être du monde, n'est *pas* déposée dans l'image. Si pour le photographe l'organisation iconique avait été le résultat d'une vision intérieure mystique, cette même organisation iconique, sans mémoire de l'expérience qui avait motivé sa genèse et son organisation spécifique, constitue pour les récepteurs le point de départ d'un certain nombre d'associations érotiques (J.M. Schaeffer, 1987, pp. 181-182).

Une œuvre qui ne prend pas la peine de construire son propre symbolisme en déconstruisant le symbolisme pré-existant est interprétée, immanquablement, selon les codes disponibles. Et ceux-ci, dans leur stabilité, sont sans failles, imperméables à la priméité, fermés à l'imaginaire, capables certes de livrer un réel préformé, mais incapables de donner à penser une vérité nouvelle.

La vérité nouvelle n'est accessible que lorsque du possible se glisse subrepticement dans les ruptures des codes et les fait dévier :

> La vérité ne se trouve pas dans l'ordre de la connaissance, elle se rencontre dans son désordre, comme un événement (...). La vérité survient (e-venit) comme ce qui n'est pas à sa place ; elle est essentiellement déplacée ; comme telle, promise à l'élision : pas de place pour elle, pas pré-vue, ni pré-entendue (J.F. Lyotard, 1971, p. 135).

C'est l'intrusion de la priméité dans la tiercéité qui produit l'événement artistique, provoque l'émotion et déclenche le processus interprétatif aboutissant à une connaissance nouvelle.

Curieusement, le journal *La Cité* (15 septembre 1987) utilise, pour susciter la souscription de nouveaux abonnements, le slogan suivant :

> La culture est une émotion.

Nous ne pensons pas que l'émotion soit dans la culture, ni hors de la culture, mais, précisément, dans le mouvement de *rupture de la culture*. Et plus la culture est établie, ancrée, maîtrisée, plus vive est l'émotion de la rupture. Pour accepter le slogan de *La Cité*, il faudrait attribuer un double sens au terme «émotion», comme le fait R. Barthes (1973) pour le «plaisir» du texte : il distingue le «plaisir» comme contentement, euphorie, hédonisme, comblement, confort, sentiment de réplétion où la culture pénètre librement ; et le «plaisir» comme jouissance, secousse, ébranlement, perte, évanouissement, destruction de la culture :

> Texte de plaisir : celui qui contente, emplit, donne de l'euphorie ; celui qui vient de la culture, ne rompt pas avec elle, est lié à une pratique *confortable* de la lecture. Texte de jouissance : celui qui met en état de perte, celui qui déconforte (peut-être jusqu'à un certain ennui), fait vaciller les assises historiques, culturelles, psychologiques, du lecteur, la consistance de ses goûts, de ses valeurs et de ses souvenirs, met en cause son rapport au langage (R. Barthes, 1973, p. 25).

Nous ne résistons pas au plaisir de conclure notre approche du rapport entre le symbolisme et l'imaginaire, de la culture et de ses ruptures, en citant l'œuvre de Marguerite Duras qui nous apparaît, par excellence, un texte de jouissance. Dans son roman *Emily L.*, se trouve une très belle image de ce que pourrait être *l'intrusion de la priméité*, et son effet de *déviation* qui provoque — «et c'est ça le principal» — une *nouvelle appréhension du réel*. L'extrait que nous allons citer est au cœur du récit de *Emily L*. Il s'agit d'un poème perdu, volé, alors qu'il se trouvait posé sur une commode, en cours d'écriture ; bien plus tard, l'auteur se souvient de ce poème :

> – Vous vous souvenez de quoi vous vouliez parler ?
> – De ces rais de soleil, l'hiver, ils entrent par où ils trouvent à passer, les moindres fissures des voûtes, les petites ouvertures de la nef que les gens faisaient exprès pour la lumière, pour qu'elle pénètre dans la cathédrale jusqu'à la nuit noire des sols. En hiver le soleil est d'un jaune iodé, sanglant... Je disais que ces rais de soleil blessaient comme des épées célestes, qu'elles perçaient le cœur... cela, sans laisser de cicatrices, rien, aucune trace... sauf... j'ai oublié et c'était ça le principal. Sauf celle...

Elle se reprend, elle dit d'une traite :
- Sauf celle d'une différence interne au cœur des significations (M. Duras, 1987, pp. 113-114).

Voilà ce qu'apporte l'intrusion de la priméité dans la tiercéité : «une différence interne au cœur des significations», une nouvelle connaissance, une modification de la façon de penser, d'agir et de sentir, c'est-à-dire de vivre.

Sans doute pourrait-on étendre la notion d'expérience artistique non seulement à la production et à la réception d'œuvres d'art réalisées, mais également à toute démarche qui, dans la vie quotidienne, conduit à une nouvelle appréhension du réel grâce à l'intrusion du possible dans les codes.

6. UN EXEMPLE : LE THEATRE D'OSKAR SCHLEMMER

Oskar Schlemmer (1888-1943) fut l'animateur du théâtre expérimental au Bauhaus, de 1923 à 1929. Il y développa un «théâtre de l'abstraction» et réalisa plusieurs ballets comme «Le ballet triadique», «La danse de l'espace», «La danse des formes», «Le jeu de construction», «La danse des gestes». Il s'est expliqué sur ses conceptions du théâtre dans de nombreux articles (traduits en français et rassemblés en un volume, 1978).

L'entreprise théâtrale d'Oskar Schlemmer nous semble exemplaire de la démarche artistique que nous cherchons à décrire ici à l'aide des trois catégories de Peirce.

Il ne s'agit absolument pas, pour O. Schlemmer, de mettre en scène la réalité :

> Les moyens de tout art sont artificiels et tout art gagne à reconnaître ses moyens et à les affirmer.
> Le théâtre, le monde de l'illusion, creuse sa propre tombe en s'efforçant d'atteindre la réalité, et le mime pareillement en oubliant qu'il est d'abord artifice (O. Schlemmer, 1978, p. 27).

Le théâtre qu'il propose est un théâtre *abstrait* :

> Que veut dire, que signifie : abstrait? Pour faire bref, et d'une façon générale, cela signifie la simplification, la réduction à l'essentiel, à l'élémentaire, au primaire, pour opposer une unité à la multiplicité des choses. Cela signifie, ainsi comprise, la décou-

verte du dénominateur commun, du contrepoint (non seulement en musique), de la loi dans l'art (O. Schlemmer, 1978, p. 71).

Très clairement, selon les catégories de Peirce, la *secondéité* («la multiplicité des choses») est refusée, au profit d'une approche conjointe de la *tiercéité* («le dénominateur commun», «la loi») et de la *priméité* («l'élémentaire, le primaire, l'unité»).

La démarche de O. Schlemmer consiste à abstraire du réel des qualisignes (des formes, des couleurs, des mouvements), pour les porter à leur plus haut degré de puissance, en suivant leurs lois propres. Pas question de produire une illusion naturaliste! Les couleurs, par exemple, n'ont pas d'autre signification que leurs forces pures :

> Nous ne ferons, avec notre éclairage, ni soleil ni lune, ni matin ni midi, ni soir ni nuit, mais nous laisserons la lumière agir en tant que telle, c'est-à-dire jaune, bleue, rouge, verte, violette, etc. Ne chargeons pas ces phénomènes simples de notions telles que rouge = démoniaque, bleu-violet = mystique, orangé = soir, etc.; ouvrons plutôt nos yeux, notre sensibilité, à la force pure de la couleur et de la lumière (O. Schlemmer, 1978, p. 50).

C'est par «une entreprise dirigée contre la nature», et par le biais de «la mathématique artiste, métaphysique» que O. Schlemmer parvient à saisir «le sensible». Le sensible (priméité) et la raison (tiercéité) doivent être maintenus en interaction :

> Le danger menace des deux côtés : la sensation et la sensibilité peuvent se donner des allures d'exaltation et de romantisme inutiles, virer à la sentimentalité et à la sensiblerie. Les efforts de conformité aux lois peuvent mener à l'encroûtement, au dogme et à la mécanique vide (O. Schlemmer, 1978, p. 89).

Le sensible et la raison s'incarnent, par excellence, dans l'être humain :

> L'être humain est autant un organisme de chair et de sang qu'un mécanisme fait de nombres et de mesures (O. Schlemmer, 1978, p. 40).

Pour mettre en évidence, sur la scène, cette dualité fondamentale de l'être humain, il faut tout d'abord mettre entre parenthèses les individus concrets (secondéité), il faut les «typifier», d'où l'utilisation par les acteurs de costumes rigides et colorés, de collants ouatés, de masques et d'accessoires tels que barres ou échasses; il faut également préparer la venue de l'homme sur scène par une mise en évidence des lois propres de l'espace dans lequel va s'inscrire son mouvement, d'où l'utilisation du marquage géométrique au sol et de cordes tendues qui relient les angles du cube spatial :

> De la géométrie du sol, de la succession de lignes droites, de diagonales, du cercle et des courbes surgit presque d'elle-même une stéréométrie de l'espace par la verticalité de la figure dansante en mouvement (O. Schlemmer, 1978, p. 41).

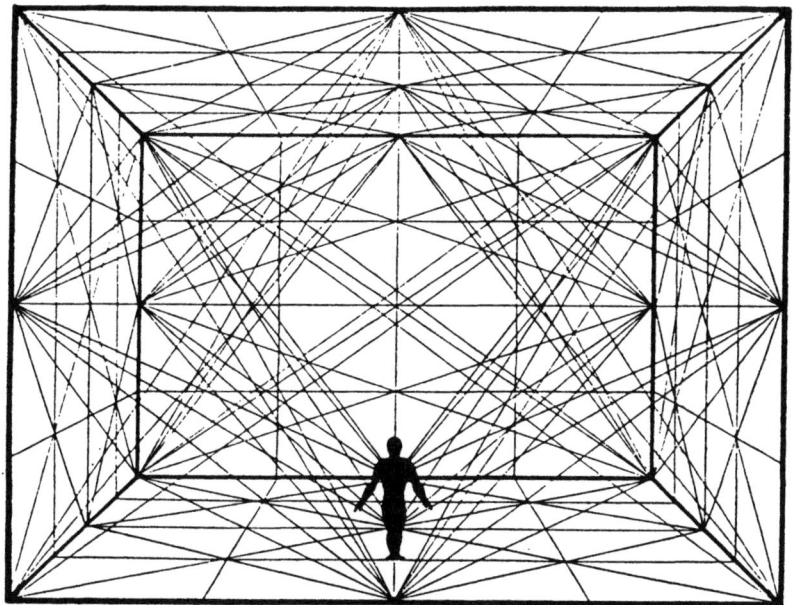
Oskar SCHLEMMER : L'homme et l'espace scénique (1924).

Oskar SCHLEMMER : L'homme en mouvement dans l'espace (1924).

Dans l'espace préparé pour le recevoir, l'apparition de l'homme est un *événement*, donc de l'ordre de la secondéité, mais il s'agit d'une secondéité absolument nouvelle, construite, déconnectée de la secondéité naturelle de la réalité quotidienne.

L'homme sur scène est aussitôt «ensorcelé par l'espace», et chacun de ses gestes, chacun de ses mouvements acquiert une signification totale, plénière.

L'homme est aussi porteur d'une autre possibilité : le son, le mot, le langage. La profération du mot est l'événement attendu, ultime, du théâtre, mais O. Schlemmer reporte cet événement, prudemment, car il cherche à saisir le *mot* dans sa *priméité*, dans sa plénitude, dépouillé de toutes ses significations acquises, transparentes, naturalisées :

> Nous reconnaissons que nous nous sommes d'abord arrêtés devant le mot avec précaution ; non pour le nier, mais, étant pleinement conscients de son importance, pour nous en emparer lentement ; nous nous contentons pour le moment du jeu muet du geste et du mouvement, de la *pantomime*, et nous sommes fermement convaincus qu'un jour, le *mot* en surgira nécessairement. Comme nous voulons le saisir de façon «a-littéraire», dans son caractère élémentaire, comme événement, comme s'il était perçu pour la première fois, cela nous rend problématique ce champ particulier (O. Schlemmer, 1978, p. 48).

Le mot apparaît à la fin de *La danse des gestes*, lorsque les trois acteurs qui constituent le ballet, et qui avaient évolué jusque là de façon distincte, se rassemblent et proclament leur unité. Un mot, un seul, exprime leur alliance : «Brüder !» (Frères !).

Les acteurs-danseurs sont au nombre de trois dans la plupart des spectacles de O. Schlemmer. On trouve chez lui la même tendance *triadique* que chez Peirce :

> Pourquoi triadique ? Parce que le nombre trois est un nombre extrêmement important et dominant, où le moi monomane et la contradiction de la dualité sont dépassés, où commence le collectif (O. Schlemmer, 1978, p. 133).

Chacun des trois danseurs porte une couleur caractéristique : le bleu, le rouge et le jaune. Ce sont les trois couleurs primaires, que Kandinsky, collègue de Schlemmer au Bauhaus, associe à trois formes : le *cercle bleu*, le *carré rouge*, le *triangle jaune*. A ces formes et couleurs correspondent également, selon Kandinsky et Itten, des caractères : le cercle est le monde spirituel des sentiments, de l'air mouvant, de l'eau fluide ; le carré est le monde matériel de la pesanteur et de la stabilité ; le triangle est le monde intellectuel de la logique, de la concentration, de la lumière et du feu. Itten et Kandinsky proposent le tableau des correspondances suivant :

couleur	forme	angle (ligne)	intensité de chaleur	orientation	élément	type
jaune	triangle	aigu 30/60°	chaud	en avant	feu	actif intellectuel
rouge	carré	droit 90°	chaud et froid	en avant et en arrière	terre	actif/passif stabilité
bleu	cercle	obtus 150°	froid	en arrière	eau et air	passif sensible

(tableau reproduit par E. Michaud, 1978, p. 132)

Les trois formes primaires correspondent aux trois catégories de Peirce, aussi bien d'un point de vue mathématique que philosophique. Le *cercle* est une figure de *priméité*, constituée par *une seule* ligne continue, et c'est la figure des sentiments, du sensible ; le *carré* est obtenu par le croisement à angle droit de *deux* fois *deux* droites parallèles, et il exprime la *secondéité* du réel, du monde matériel ; le *triangle* est constitué de *trois* segments de droites, et il symbolise la *tiercéité*, le monde intellectuel et logique.

O. Schlemmer exploite, sur la scène, les correspondances de Kandinsky et Itten. Ainsi, dans *La danse de l'espace*, il attribue à chacun des trois danseurs une couleur et une démarche propres : le Bleu se déplace lentement, posément, au son d'une grosse caisse ; le Rouge marche plus rapidement, au son d'un tambour ; le Jaune a une démarche trottinante, à petits pas très rapides, au rythme du choc de deux bâtons de bois.

Et, dans *La danse des gestes*, à chaque acteur correspond un type de siège. Ces sièges sont positionnés sur la diagonale gauche-droite du carré dessiné sur la scène : une chaise, placée sur le devant de la scène, pour le Jaune ; un tabouret, situé au centre, pour le Rouge ; et un banc, en arrière, pour le Bleu. Ces différents types de sièges permettent aux acteurs de se tenir dans une position telle qu'ils forment avec leur corps, soit des angles aigus pour le Jaune, soit des angles droits pour le Rouge, soit des angles obtus pour le Bleu.

Les trois acteurs expriment un caractère différent : Jaune est actif, Bleu est passif, et Rouge concilie les deux tendances :

> A *jaune* : entre en scène le premier; avance ou recule par bonds, sur la pointe des pieds; effectue des mouvements très rapides; pousse des cris brefs et aigus; s'assied au devant de la scène; prend l'initiative du dialogue simulé et du serment.
>
> B *rouge* : entre en scène le second; son parcours est fait d'angles droits; son pas est lourd (pesanteur et stabilité); se penche tantôt vers A, tantôt vers C; rit à la façon de A, puis de C; il est passif en écoutant A, actif en parlant à C; ses mouvements sont lents ou rapides. C'est le juste milieu entre le jaune et le bleu : il est assis entre eux, moins proche des spectateurs que A, mais plus que C.
>
> C *bleu* : entre en scène le dernier, très lentement, presque au sol, se traînant sur les mains, formant un angle obtus (150°) par son corps tendu et la surface du sol («tension presque absente»); tandis que A et B ont un contact chaleureux et «rient en se frappant les cuisses», C reste passif, «froid» et «perdu en lui-même» (Selbstversunken) (E. Michaud, 1978, pp. 134-135).

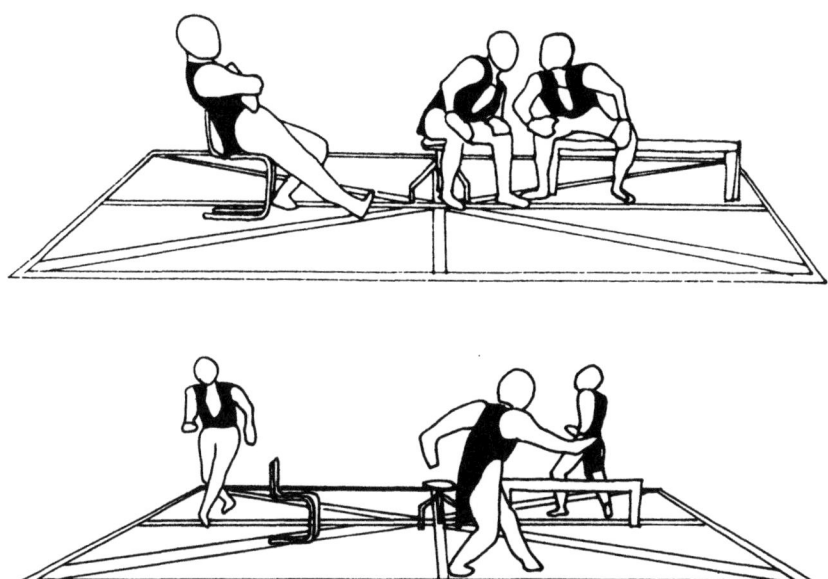

Ainsi, le théâtre de O. Schlemmer met en scène l'interaction de trois types qui correspondent exactement aux catégories de Peirce : la priméité, la secondéité et la tiercéité.

Cette mise en scène se déploie *à l'écart du réel*, dans un rapport dialectique entre le *symbolisme* (les lois mathématiques) et l'*imaginaire* (les forces vives). Ce rapport produit, sur la scène, *un nouveau réel*, et, sur le spectateur, un «effet» émotionnel et cognitif. Le théâtre ainsi conçu conduit le spectateur à la découverte de l'essentiel, il lui propose une autre appréhension du réel, consistant à saisir l'unité profonde (priméité/tiercéité) sous la diversité des apparences (secondéité); il lui fait «découvrir les racines de ces forces qui engendrent le vivant», ces forces qui sont à la fois «productrices du sensible» (priméité) et «instauratrices de lois» (tiercéité).

NOTE

[1] Ce que nous appelons «imaginaire» correspond à ce que F. Alquié désigne comme «conscience affective». L'«imaginaire» n'a rien à voir avec l'«imagination», qui, selon F. Alquié, appartient, au même titre que la perception, à la conscience intellectuelle, et non pas à la conscience affective, «car on n'imagine, on ne perçoit qu'en distinguant, et par séparation (...). Les objets imaginés demeurent distingués entre eux, comme les objets perçus» (F. Alquié, 1979, p. 146).

Conclusion

Nous avons distingué, dans notre introduction, divers courants de recherches sémiotiques. Si nous avons choisi de présenter ici l'un de ces courants, cela ne signifie pas que nous jugions les autres dénués d'intérêt. Nous pensons que différents modèles peuvent apporter à un objet donné des éclairages complémentaires, et que l'efficacité respective de ces modèles doit être évaluée en comparant des analyses effectuées sur un même type d'objet. Ainsi, nous avons pu établir ailleurs (cf. N. Everaert-Desmedt, 1985) un panorama des études sémiotiques consacrées, par les différentes écoles, au domaine publicitaire. On pourrait confronter de la même façon les études portant sur le théâtre, l'architecture, la bande dessinée, le cinéma, etc. L'Ecole de Paris est irremplaçable pour analyser la composante narrative d'un film, par exemple, mais en ce qui concerne la matérialité filmique, combien pénétrantes sont les analyses menées, dans le cadre de Peirce, par G. Deleuze (1983 et 1985)!

> Etant donné qu'un modèle est autonome et n'admet aucune ingérence extérieure, il serait vain de tenter de dire (et de juger) la sémiotique de Peirce en termes saussuriens et la sémiologie de Saussure en termes peirciens. Le test de leur validité respective réside donc en dernière analyse dans la cohérence du modèle que l'on peut en dégager et dans la fécondité des analyses que ce modèle permet. On ne peut choisir qu'en s'engageant (G. Deledalle, 1979, p. 39).

Nous avons tenté de dégager tout au long de ces pages la cohérence interne du modèle peircien.

Nous avons montré sa puissance à expliquer aussi bien des objets précis et limités (comme notre exemple de l'empreinte dans une séquence de bande dessinée), que des questions d'une certaine ampleur, qui ont été souvent évoquées dans l'histoire de la pensée philosophique (cf. l'exemple de l'expérience artistique).

Mais il reste une longue tâche à accomplir : accréditer la validité et la généralité du modèle peircien, en multipliant les analyses d'objets les plus divers. Pour donner un aperçu de la variété des objets culturels auxquels peut s'appliquer la sémiotique de Peirce, nous nous proposons de résumer ici deux applications que nous avons présentées ailleurs. Nous montrerons ensuite la supériorité du cadre peircien par rapport à une autre tentative de modèle interprétatif, la théorie des échelles de Ph. Boudon.

1. LA LECTURE D'UN ALBUM POUR ENFANTS

Nous avons exploité le modèle peircien pour analyser les mécanismes sous-jacents à la compréhension d'un album illustré pour enfants. Il s'agit de *Petit-Bleu et Petit-Jaune* (L. Lionni, L'école des loisirs, 1982). Nous reprenons ici les grandes lignes de notre analyse.[1]

Ce livre est constitué, graphiquement, de *taches* variant en formes et en couleurs. Ces taches représentent des *personnages* (les deux héros, appelés Petit-Bleu et Petit-Jaune, leurs parents et leurs amis) et des *lieux* (la maison, la classe, le parc...). Le graphisme extrêmement dépouillé est accompagné d'un texte également réduit à l'essentiel.

L'histoire est très simple : un jour, Petit-Bleu et Petit-Jaune, heureux de se rencontrer, s'embrassent. Dans l'embrassade, ils deviennent verts, c'est-à-dire qu'ils forment ensemble une seule tache verte. Mais sous leur nouvelle apparence, leurs parents respectifs ne les reconnaissent pas. Très tristes, les deux enfants «fondent en larmes jaunes et bleues» et reprennent ainsi leur apparence première : une tache bleue et une tache jaune. Les parents, cette fois, les reconnaissent. Les parents bleus embrassent leur Petit-Bleu ; ils embrassent aussi Petit-Jaune. Et voilà que dans l'embrassade ils deviennent verts ! Ils comprennent alors ce qui s'est passé et courent porter la bonne nouvelle aux parents jaunes. Les parents jaunes et bleus, en s'embrassant à leur tour, mélangent également leurs couleurs.

CONCLUSION

Ce livre, d'une grande simplicité apparente, recèle cependant des mécanismes sémiotiques complexes et présente un contenu très riche.

Les premières pages du livre mettent en place, très progressivement, un code graphique qui servira ensuite de moyen d'expression pour le contenu narratif. L'*élaboration du code* fait appel à des raisonnements de différents types (induction, abduction et déduction), qui s'appuient essentiellement sur l'image. Le texte n'apporte que le complément d'information nécessaire.

1) A la première page, le texte donne explicitement l'interprétation de l'image.

a) La première image montre en effet, sur une page blanche, une tache bleue. Considérée en elle-même, cette tache bleue est une chose qui occupe matériellement un espace : elle constitue donc, au niveau du representamen (R), un *sinsigne* (une chose concrète, spatio-temporellement déterminée, qui fonctionne comme signe). Elle ne représente rien d'autre qu'une tache bleue : elle renvoie à son objet (O) de façon *iconique*. Elle est interprétée comme ressemblant à n'importe quelle tache bleue, donc par un interprétant (I) *rhématique*, qui reconnaît que cette tache bleue (R) possède les traits pertinents de toute tache bleue (O) : un contour (non géométrique), une couleur (distincte du fond), et une grandeur (elle est plus grande qu'un point et moins grande que le fond de la page) :

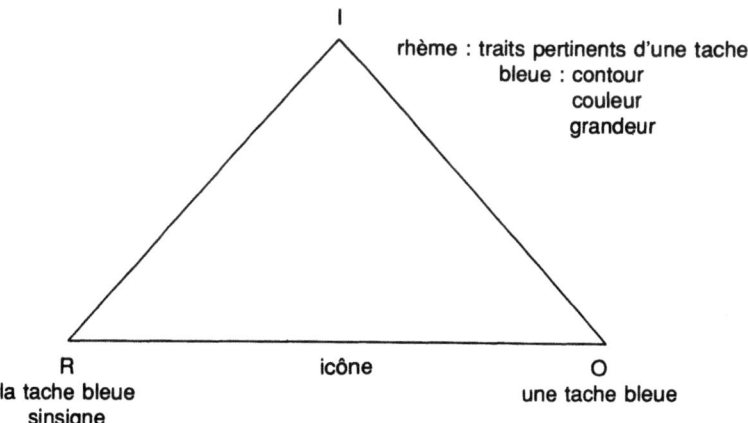

b) Mais le texte qui accompagne la tache bleue lui donne une autre signification : la tache bleue devient l'indice du personnage Petit-Bleu. Car le texte indique : «Voici Petit-Bleu». Ce texte est la formulation explicite d'un interprétant dicent. Il met en relation, sous la forme d'une proposition, deux constantes : la tache et le personnage Petit-Bleu. «Voici Petit-Bleu» équivaut à «Ceci (la tache) *est* ‹Petit-Bleu›». C'est donc pour représenter le personnage Petit-Bleu que le narrateur-dessinateur a placé sur cette page une tache bleue; son intention de représenter le personnage a causé le dessin de la tache : nous reconnaissons le rapport de cause à effet, caractéristique du signe *indiciel* :

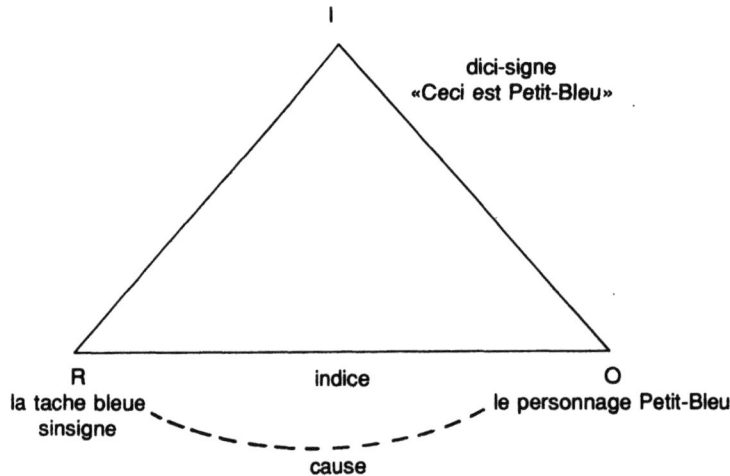

c) La tache bleue, avons-nous dit, est l'indice du personnage Petit-Bleu. Cet indice n'est possible que parce qu'il existe un code sous-jacent : le narrateur-dessinateur a décidé *a priori*, de façon déductive, de représenter les personnages par des taches :

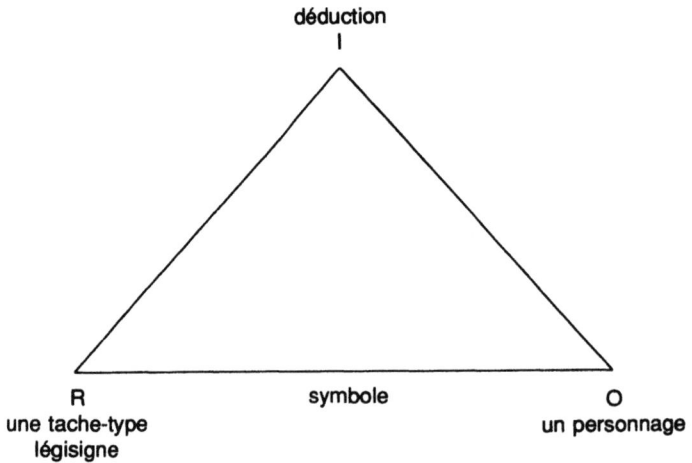

Mais le lecteur va découvrir le code *a posteriori*, progressivement, par une démarche hypothético-déductive qui se confirmera de page en page.

2) Considérons la deuxième page du récit. L'image présente une grosse tache marron englobant trois taches bleues, de formes et de grandeurs différentes.

a) Nous reconnaissons Petit-Bleu parce que nous l'avons vu à la page précédente. Mais cette «reconnaissance» présuppose un changement de statut du signe «tache bleue = Petit-Bleu». Car, au niveau du réel concret, il ne s'agit pas de la même tache bleue, mais bien d'une deuxième tache bleue, située dans un autre espace-temps; si l'on peut parler cependant de «la même tache bleue», c'est en tant que deuxième occurrence d'un type, d'un modèle. La tache bleue est donc devenue, en passant de la première à la deuxième page, un *légisigne* qui représente *symboliquement* le personnage Petit-Bleu. Et désormais, chaque réplique de ce légisigne fonctionnera comme l'indice d'une nouvelle intervention du même personnage.

C'est par un argument *inductif* (en généralisant, du fait observé à la règle) que nous (le lecteur) avons pu appréhender l'identité de Petit-Bleu sous une forme codée.

Cette interprétation — comme toute interprétation inductive — reste valable tant qu'elle n'est pas contredite par un fait, c'est-à-dire tant que le narrateur ne nous dit pas, en nous montrant la tache bleue, «Voici... autre chose, par exemple un étang».

Vérifions notre interprétation à l'aide du *texte*, qui dit : «*Il* est à la maison avec Maman-Bleu et Papa-Bleu». Ce texte ne contredit pas notre interprétation, il ne dit pas : «Voici autre chose». Mais il ne nous donne pas non plus de confirmation explicite, il ne formule plus de dicisigne, il ne dit pas : «Voici de nouveau Petit-Bleu». L'emploi du pronom anaphorique «il» suppose que l'enfant-lecteur est capable d'effectuer le raisonnement inductif, sous-jacent à la reconnaissance d'une réplique de la tache bleue-type.

Résumons, sur le schéma qui suit, le processus d'interprétation du signe «tache bleue = Petit-Bleu» :

① Première tache bleue : sinsigne indiciel dicent (dicisigne explicite dans le texte);

② Etablissement du type tache bleue : légisigne symbolique inductif;

③ Nouvelle occurrence de la tache bleue-type : réplique du légisigne, indice dicent (dicisigne implicite).

126   LE PROCESSUS INTERPRETATIF

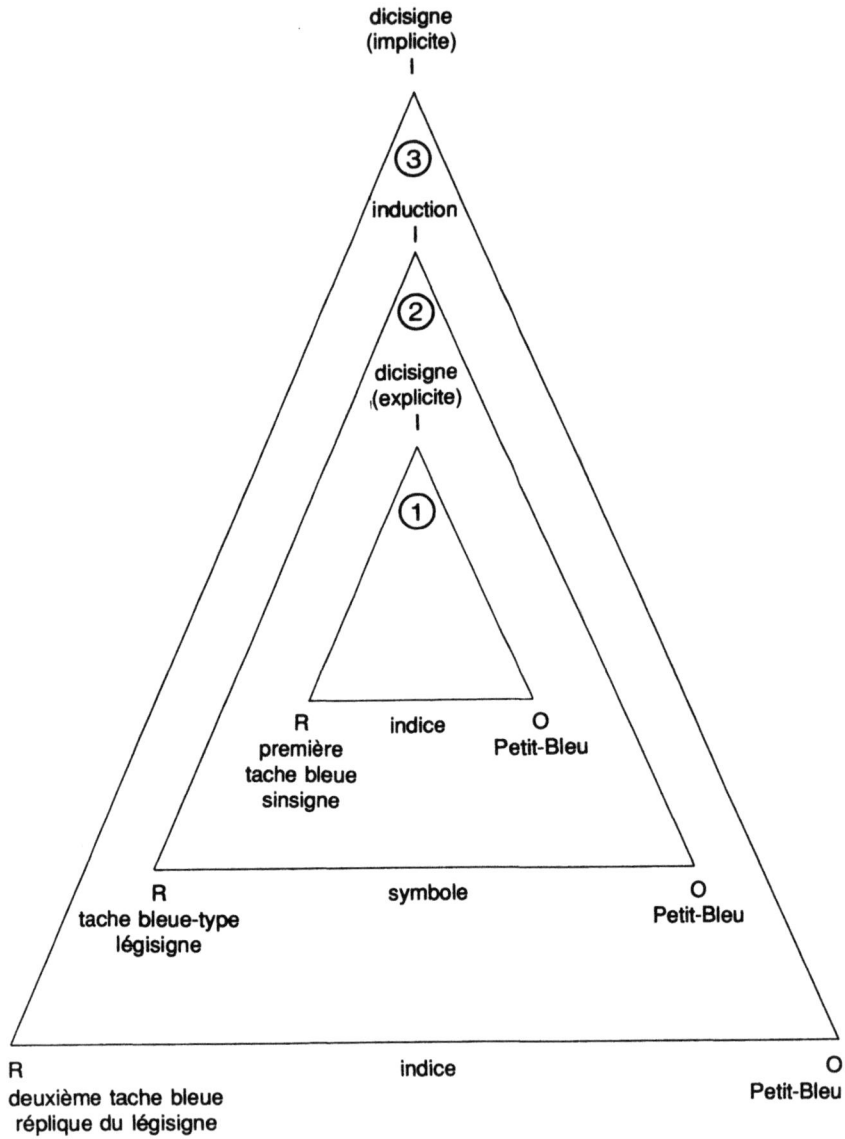

b) Revenons à l'image, qui présente, à côté de Petit-Bleu, deux autres taches bleues, de formes et de grandeurs différentes. Puisque ces taches sont de la même couleur que celle qui représente Petit-Bleu, on établit, par hypothèse (abduction), qu'elles ont un rapport avec Petit-Bleu, mais on ignore quel rapport : elles pourraient représenter des membres de sa famille, ou des objets lui appartenant, par exemple le lit et l'armoire qui se trouveraient dans sa chambre...

Quant à la tache marron englobante, une *abduction* permet d'établir qu'elle représente un lieu où se trouvent les personnages et les objets, par exemple la chambre de Petit-Bleu...

D'où les deux schémas suivants :

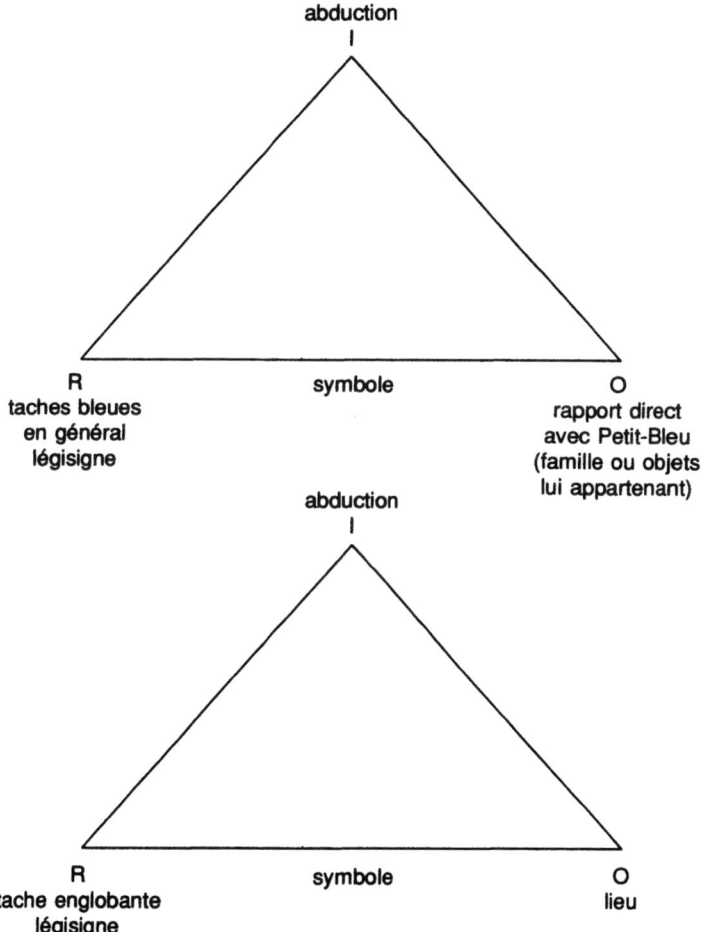

Si la double abduction a fonctionné, le *texte* vient compléter l'interprétation en constituant un *dicisigne*. Le texte nous apprend, en effet, que ce que nous avons interprété comme un *lieu* est la *maison*; et que ce que nous avons interprété comme des éléments en *rapport avec Petit-Bleu* sont *Maman-Bleu et Papa-Bleu*. Sans abduction, nous ne pouvons pas savoir que la maison (dont il est question dans le texte) est représentée par la tache marron, et les parents par les deux autres taches bleues, car le texte ne dit pas : «la tache englobante signifie un lieu et les taches bleues signifient un rapport avec Petit-Bleu».

c) Alors qu'à la première page, le texte donnait explicitement l'interprétation de l'image, dès la deuxième page, il contient moins d'information : il précise l'image, à condition que les raisonnements, inductif et abductif, aient opéré.

3) La troisième page présente une nouvelle occurrence du signe «tache bleue = Petit-Bleu», en compagnie d'autres taches de même grandeur que Petit-Bleu mais de couleurs différentes.

a) La nouvelle occurrence de la tache bleue fonctionne comme indice du personnage Petit-Bleu, parce que nous appliquons — *déductivement*, cette fois — le code que nous avons découvert — inductivement — à la deuxième page :

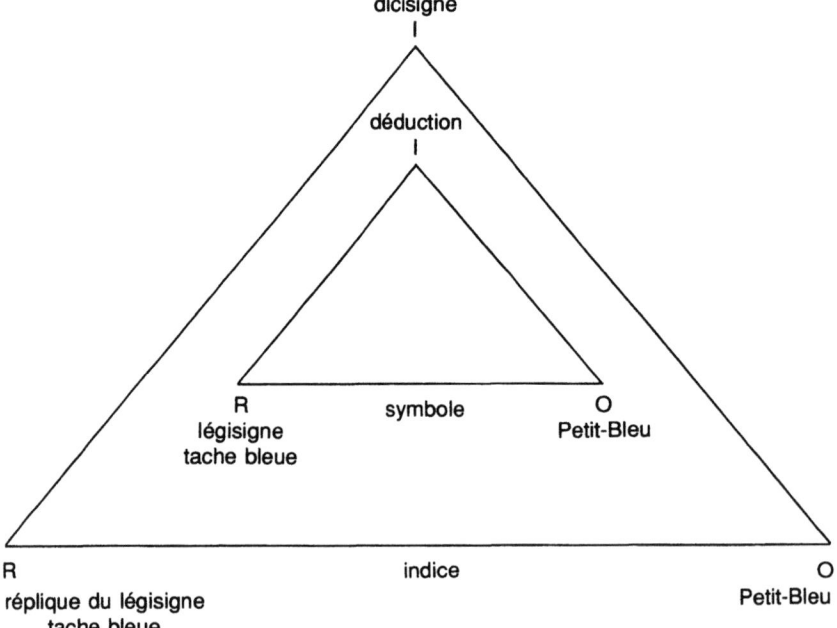

b) Nous interprétons les autres taches, par *abduction*, comme représentant des enfants d'autres familles que celle de Petit-Bleu. Cette interprétation s'appuie sur l'abduction de la page précédente, qui avait été précisée par le texte : puisque les taches bleues représentent les membres de la famille de Petit-Bleu, les taches d'*autres couleurs* représentent probablement d'*autres familles*; et puisque les taches plus grandes que Petit-Bleu représentent les adultes, les taches de *même grandeur* que Petit-Bleu représentent sans doute les *enfants*.
Le texte précise que ces enfants d'autres familles sont les «amis» de Petit-Bleu : «Petit-Bleu a beaucoup d'amis».

4) Le code continue à se préciser dans les pages suivantes : par exemple, la disposition des taches sur la page indique l'attitude des personnages.

Nous voyons comment, à partir d'un premier signe indiciel («Voici Petit-Bleu»), le code s'est mis en place grâce à des raisonnements *inductifs* (qui ont établi l'identité de Petit-Bleu, puis de Petit-Jaune) et *abductifs* (qui ont permis d'interpréter les lieux, les familles et les enfants).

L'interprétation argumentative a été au fur et à mesure confirmée et précisée par le texte sous la forme de *propositions (dicisignes)* : le texte a indiqué que le lieu est «la maison», ou «la classe», que les membres de la famille sont «Maman-Bleu et Papa-Bleu», que les enfants sont «des amis», que le meilleur ami de Petit-Bleu est «Petit-Jaune».

La signification symbolique, découverte par induction ou abduction, puis confirmée par le texte, est ensuite appliquée *déductivement* : toutes les nouvelles occurrences de la tache bleue, de la tache jaune, ou des autres taches de même grandeur mais de couleurs différentes peuvent être comprises, respectivement, comme des indices de Petit-Bleu, de Petit-Jaune, ou des amis, grâce à une application déductive des légisignes symboliques.

Ces applications déductives sont à leur tour confirmées par le texte : les hypothèses initiales s'en trouvent renforcées, le code se stabilise.

5) Le code graphique étant mis en place, il va pouvoir servir à l'expression du récit qui commence effectivement à la dixième page. Petit-Bleu part à la recherche de Petit-Jaune pour jouer avec lui. Lorsqu'ils se rencontrent, tout heureux, ils s'embrassent... Et, en s'embrassant, ils deviennent du vert.

a) L'image présente une tache bleue et une tache jaune qui se superposent progressivement pour constituer une seule tache verte...

Or, la tache verte est une incongruité dans le code graphique tel que le livre l'a établi, selon lequel

1° *une* tache représente *un* personnage;

2° la *couleur* de la tache signifie l'appartenance du personnage à une *famille*.

Si la tache verte est produite par la fusion de deux taches, une bleue et une jaune, cela suppose que ces deux taches ne sont plus considérées en tant que légisignes symboliques représentant des personnages (le code est «oublié»), ni même en tant que sinsignes iconiques représentant des taches de couleur (comme c'était le cas de la première occurrence de la tache bleue, avant l'apport du texte «Voici Petit-Bleu») puisque leur fusion ne produit pas une tache de double grandeur. Ce ne sont donc pas les taches en tant que quantités concrètes qui sont prises en considération ici, mais leur simple qualité de couleur : elles sont traitées comme des *qualisignes iconiques*.

Le *code* graphique est *transgressé* : les personnages Petit-Bleu et Petit-Jaune ne sont plus représentés comme tels. Ils sont devenus «du vert».

b) Cependant, pour le lecteur qui a assisté à la métamorphose, la *tache verte* est l'*indice* de la présence des deux amis qui se sont embrassés.

La tache verte s'est formée, graphiquement, à partir des qualisignes bleu et jaune, mais aussi, narrativement, à partir de l'embrassade des deux personnages :

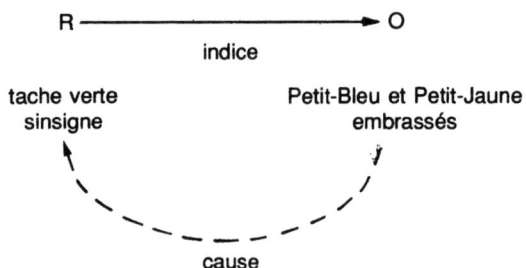

Aussi, à la page suivante, la tache verte devient, pour le lecteur, un légisigne symbolique, constitué par induction d'abord, puis confirmé par le texte («*Ils* vont s'amuser dans le parc, *ils*..., *ils*...»), et appliqué ensuite déductivement.

Pour le lecteur donc, la tache verte est intégrée au code narratif, et le récit se poursuit : l'actant sujet (Petit-Bleu et Petit-Jaune ensemble, représentés par une seule tache verte) réalise le programme narratif principal annoncé à la page 11 : jouer. La réalisation de ce programme occupe six pages, et se termine par le retour du sujet «à la maison».

c) Mais dans le monde possible du récit, mis en place à la dixième page du livre, la tache verte n'a pas d'existence. Et donc les parents ne reconnaissent ni leur Petit-Bleu, ni leur Petit-Jaune! La tache verte est un élément nouveau, qui ne fait pas partie de leur système de référence.

Petit-Bleu et Petit-Jaune reprennent alors leur apparence première par un mécanisme contraire à celui de leur métamorphose, à la fois sur le plan graphique et narratif. *Graphiquement*, le vert se divise en qualités de bleu et jaune. Et *narrativement*, c'est à cause de leur tristesse que les deux amis se retrouvent comme avant : «Ils versent de grosses larmes jaunes et bleues. Ils fondent en larmes jaunes et bleues». Cette tristesse s'oppose à la joie de leur embrassade.

6) Les parents vivent le même événement et «comprennent ce qui est arrivé» : heureux de revoir leur Petit-Bleu, Maman-Bleu et Papa-Bleu l'embrassent; ils embrassent aussi Petit-Jaune et, «dans l'embrassade, ils deviennent verts».

Petit-Bleu et Petit-Jaune ont retrouvé leur place dans le monde possible du récit, et le *code* s'est *enrichi* d'un nouvel élément : la *règle* selon laquelle le vert résulte d'une fusion du bleu et du jaune. Cette nouvelle règle est appliquée déductivement dans les dernières pages, où l'on voit les parents jaunes et bleus qui «s'embrassent avec joie» (et l'image les montre partiellement verts) et les enfants qui «s'amusent jusqu'à l'heure du dîner» (et l'image les montre mélangeant leurs couleurs : non seulement bleu et jaune, mais aussi rouge et orange, brun et beige). Une *généralisation de la règle* du mélange des couleurs est ainsi suggérée.

La dernière image du livre montre, après la page portant l'indication FIN, *la tache verte*, désormais admise dans le code.

Concluons

Petit-Bleu et Petit-Jaune présente, à nos yeux, de nombreuses qualités : clarté du récit, richesse du thème, simplicité de l'expression tant graphique que verbale...

Cependant le principal intérêt de ce livre tient, pour nous, au processus cognitif que sa lecture suscite. C'est ce processus que notre analyse a mis en évidence. L'enfant-lecteur assiste à l'*élaboration progressive d'un code*, suivie d'une *subversion*, puis d'un *enrichissement* du code.

Ainsi, *Petit-Bleu et Petit-Jaune* propose une expérience de lecture dynamique, au cours de laquelle le symbolisme et l'imaginaire se rencontrent, provoquant une interaction entre les processus cognitifs et émotionnels :

– C'est une première surprise qui, à l'ouverture du livre, suscite l'intérêt et déclenche la lecture : la tache bleue n'est pas une tache, mais un personnage !

– Sur cette émotion de base, le processus interprétatif se met en branle : le lecteur reconnaît le personnage de page en page, il découvre d'autres personnages, des lieux, des attitudes... ; il saisit progressivement le code.

– Une faille dans le code provoque à nouveau la surprise. L'émotion est, cette fois, plus intense qu'au départ, parce qu'elle vient rompre un savoir intellectuel à peine constitué. Loin d'être un phénomène immédiat, primaire, spontané, «sentimental» (selon une conception néo-romantique), l'émotion est préparée par le processus cognitif qu'elle perturbe un moment.

– Mais aussitôt l'émotion stimule le processus cognitif. L'étonnement sollicite l'interprétation. Le lecteur est interpellé : il formule une hypothèse à propos de l'identité de la tache verte. Celle-ci est d'abord mise en doute, puis confirmée. Elle constitue une nouvelle règle qui entre dans le code : celle du mélange des couleurs de deux taches-personnages.

C'est à une véritable *expérience artistique* que conduit la lecture de *Petit-Bleu et Petit-Jaune*. Dans toute expérience artistique, «les émotions fonctionnent cognitivement», comme le dit M. de Marinis (1986), en suivant des psychologues américains tels que S. Schachter, G. Mandler et M. Goodman. *Les émotions fonctionnent cognitivement*, c'est-à-dire qu'elles sont déterminées par les processus cognitifs et que, réciproquement, elles participent à la production d'une connaissance conceptuelle.

L'analyse présente un grand intérêt pédagogique : elle permet d'évaluer la compétence requise de l'enfant pour cette lecture, et aussi de juger comment ce livre est susceptible d'enrichir cette compétence. Sachant quelles observations et quels raisonnements sont impliqués dans la compréhension du livre, l'adulte pourra mieux guider l'enfant dans sa lecture, en s'arrêtant avec lui sur les temps forts, et en l'aidant à formuler les hypothèses-clefs de l'interprétation.

2. L'INTERPRETATION DES FAÇADES

La théorie de Peirce permet de définir sémiotiquement tout phénomène, et de montrer comment un même objet réel peut donner lieu à divers processus d'interprétation et appartenir simultanément à différentes classes de signes selon le niveau où il est interprété. C'est ainsi que nous avons pu définir (in N. Everaert-Desmedt, 1989b) la «façade» comme signe du bâtiment qu'elle cache et montre à la fois. Le rapport sémiotique de la façade (comme representamen) au bâtiment (comme objet) peut être, simultanément, de deux types, selon que la façade renvoie

– *à un contenu culturel* : la façade signifie l'usage du bâtiment, sa fonction sociale, en évoquant des valeurs telles que le luxe, la modernité, la culture, etc., valeurs qui rejaillissent sur les usagers du bâtiment et les activités qu'il abrite ;

– *à une expression architecturale* : la façade indique la structure du bâtiment, l'agencement intérieur, la technique constructive.

Dans le premier cas, le rapport sémiotique est de type *symbolique*, tandis que, dans le second cas, il est *indiciel*. Cependant les signes symboliques se manifestent à travers des répliques, qui fonctionnent comme des indices ; et les indices, en se généralisant, constituent des signes symboliques : l'interprétation d'un phénomène évolue en fonction de l'histoire de ce phénomène.

1) La façade : symbole d'un contenu culturel

Lorsqu'on a conçu la bibliothèque des sciences à Louvain-la-Neuve, explique Ph. Boudon (1976), on a voulu qu'elle constitue un signe officiel, marquant le haut de la ville. Pour ce faire, on a utilisé un symbole architectural disponible : la colonnade. Ce symbole s'est formé au fil des temps, depuis l'époque des temples grecs ; une règle s'est établie par induction : «Chaque fois qu'il y a une colonnade, il y a un bâtiment officiel». Cette signification de la colonnade est devenue tellement habituelle qu'il suffit désormais de l'appliquer de façon déductive. L'interprétation de la bibliothèque des sciences à Louvain-la-Neuve repose donc sur un *légisigne symbolique déductif* : toute façade avec une colonnade est un representamen-type (un «légisigne») qui signifie un bâtiment officiel conventionnellement (en tant que «symbole»), par l'application d'un interprétant déductif. Le légisigne symbolique est virtuel ; il n'apparaît jamais comme tel, mais se manifeste à travers des répliques, qui constituent, dans leur contexte particulier, des sinsignes indiciels. Nous représentons par deux triangles emboîtés la *relation du légisigne et de sa réplique* :

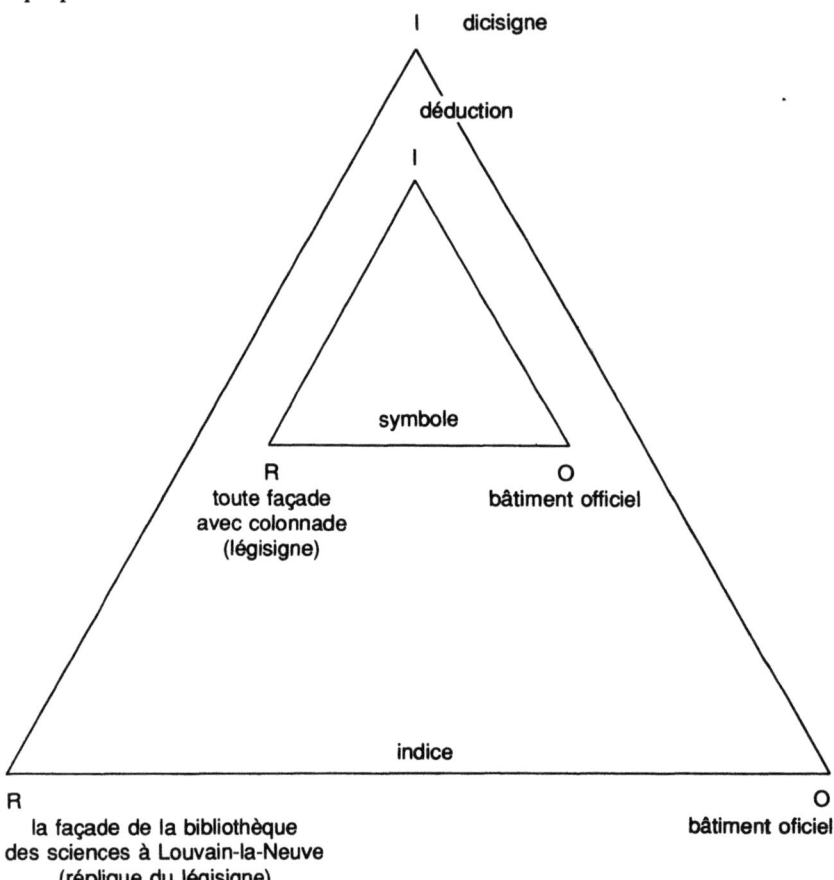

2) La façade : indice d'une expression architecturale

Lorsque la façade renvoie à la construction du bâtiment, le rapport est *indiciel*.

Par exemple, une façade présentant trois rangées de fenêtres indique que le bâtiment comprend trois étages. L'existence des trois étages est, en effet, la cause de l'existence des trois rangées de fenêtres :

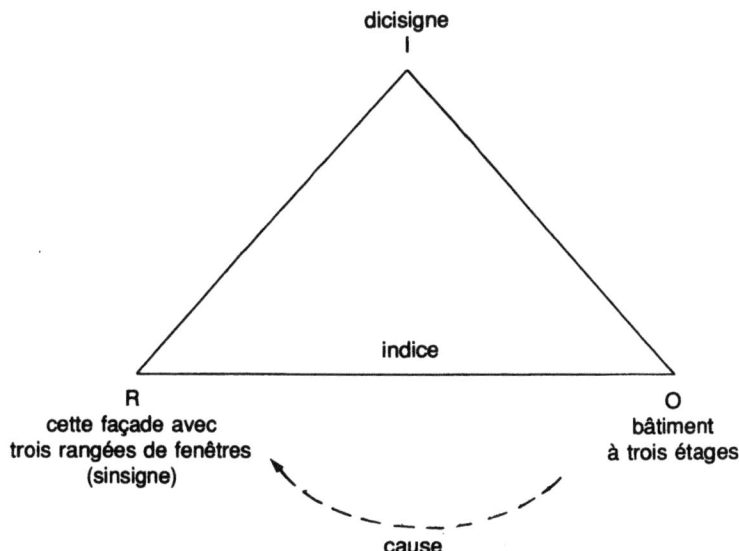

Les architectes modernes ont voulu supprimer de la façade toute signification symbolique, pour lui donner exclusivement la fonction d'*indice du réel architectural*, de la matérialité constructive. Par exemple, grâce aux nouvelles techniques de construction, la façade a pu être libérée de toute fonction porteuse et voir dès lors ses fenêtres s'allonger jusqu'à former un «mur-rideau» :

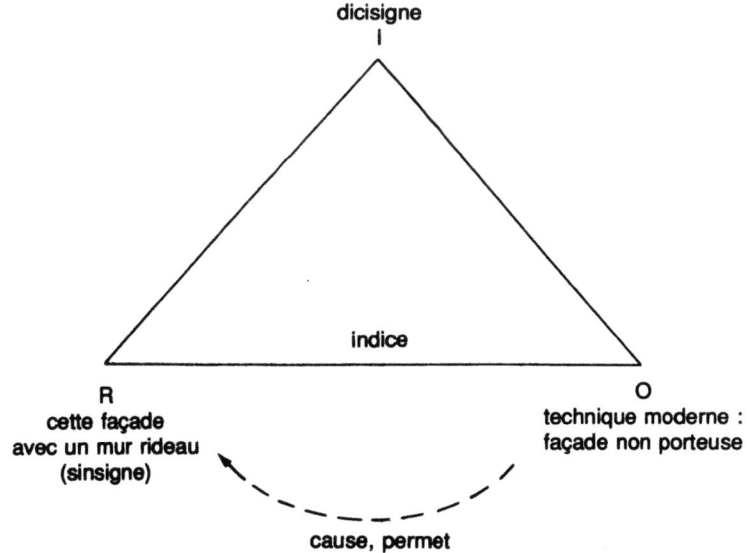

Mais le réel architectural n'a pas pu échapper à une *interprétation symbolique* : très vite, le mur-rideau est devenu, par induction, un symbole... de l'architecture moderne!

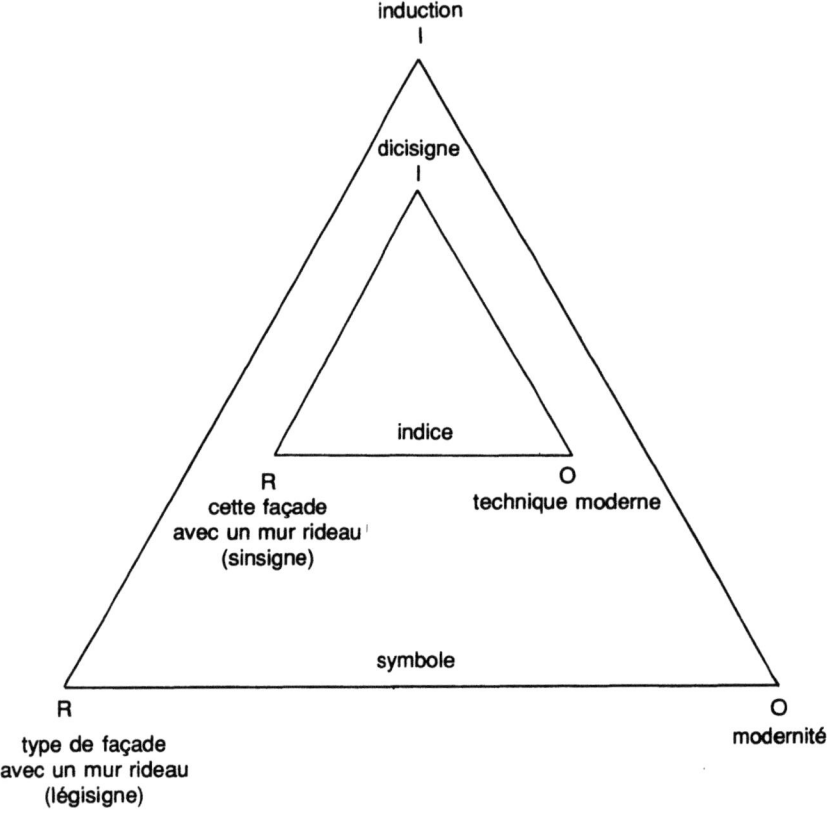

Et ensuite, toute nouvelle façade avec un mur-rideau est apparue comme une *réplique du légisigne*, interprété désormais par déduction. L'architecture moderne avait refusé d'appliquer, de façon déductive, les symboles architecturaux classiques. Elle se voulait pur signe indiciel. Mais les indices, en se généralisant, ont produit, par induction, des symboles. Ceux-ci ont été aussitôt appliqués par déduction. Ils sont devenus des *stéréotypes*, et l'architecture moderne s'est sclérosée.

Pas plus qu'aucun autre objet culturel, l'architecture n'échappe au symbolisme. Refuser le symbolisme au profit du «réel», dans la conception d'une œuvre, est une entreprise vouée à l'échec. Car le symbolisme resurgit immanquablement lors de l'interprétation.

L'attitude consistant à affronter le symbolisme communément admis et à y introduire subtilement une faille, est beaucoup plus efficace pour offrir au récepteur une nouvelle appréhension du réel. C'est l'attitude que préconise notamment R. Venturi, en défendant «le symbolisme du laid et de l'ordinaire dans l'architecture» et en prenant comme modèle «l'architecture commerciale de bord de route». Il utilise des éléments architecturaux conventionnels «d'une manière légèrement non conventionnelle» :

> Le familier, légèrement désitué, a un pouvoir étrange et révélateur. La fenêtre à guillotine de Guild House est familière par sa forme mais inhabituellement grande et allongée en proportion comme la boîte de soupe Campbell, grande et déformée, dans les peintures d'Andy Warhol. Cette fenêtre typique est également juxtaposée à une fenêtre plus petite, de forme et de proportion semblables. L'emplacement de la fenêtre plus grande sur un plan parallèle en arrière de la fenêtre plus petite tend à déranger la perception habituelle de la distance au moyen de la perspective; les tensions symboliques et optiques qui en résultent sont, nous l'affirmons, un moyen de rendre intéressante une architecture ennuyeuse (R. Venturi *et al.*, 1978, p. 139).

3. ECHELLE ET INTERPRETANT

La clef de voûte de l'interprétation, chez Peirce, réside dans le troisième terme : l'*interprétant*. Dans cette conception triadique, l'interprétation d'un signe n'est jamais immédiate, mais toujours relayée par d'autres signes. Lorsque Ph. Boudon (1971, 1978) s'interroge sur le processus de l'interprétation en architecture, il fait appel également à un relais : l'échelle. Sa théorie s'inscrirait aisément dans le cadre peircien; elle y gagnerait en simplicité et en cohérence.

Ph. Boudon (1971)[2] se donne comme projet de fonder l'«architecturologie», une théorie générale de l'architecture. Il recherche une définition de l'architecture qui engloberait toutes les définitions données par les différents architectes, et toutes leurs œuvres. Dans ce projet, il rencontre la notion d'«échelle» qui lui apparaît fondamentale et spécifique à l'architecture. Mais cette notion se révèle polysémique dans les emplois qu'en font les architectes. Il s'agit donc de définir le concept d'échelle de façon suffisamment générale pour rendre compte de ses multiples emplois.

Tout espace architectural met en relation trois types d'espaces :
un espace vrai, réel;
un espace mental, représenté;
un espace de référence.

La démarche de l'architecte consiste à passer constamment d'un type d'espace à un autre. Et l'échelle est la règle de passage d'un espace à l'autre. Plus précisément, l'échelle est une modalité selon laquelle un espace de référence est utilisé dans la conception ou la perception d'un espace architectural :

> Sera dès lors échelle une *modalité de renvoi* d'une partie de l'espace architectural à un espace que nous nommons «de référence», plus exactement modalité par laquelle cette référence est pertinente par rapport à cette partie et réciproquement (Ph. Boudon, 1978, p. 139).

La conception et les diverses perceptions, dans un cas particulier, ne font pas nécessairement intervenir les mêmes échelles. La polysémie du terme «*échelle*» est due à la variété des «*espaces de référence*» utilisés dans la conception ou la perception de l'architecture.

Ph. Boudon recense empiriquement vingt types d'échelles, correspondant à vingt types d'espaces de référence :

1) échelle technique
2) échelle fonctionnelle
3) échelle symbolique formelle
4) échelle symbolique dimensionnelle
5) échelle de modèle
6) échelle sémantique
7) échelle socio-culturelle
8) échelle de voisinage
9) échelle de visibilité
10) échelle optique
11) échelle parcellaire
12) échelle géographique
13) échelle d'extension
14) échelle cartographique
15) échelle de représentation
16) échelle géométrique
17) échelle des niveaux de conception
18) échelle humaine
19) échelle globale
20) échelle économique

Dans cette liste d'échelles, la notion d'«espace de référence» s'élargit tellement qu'elle n'est plus du tout spécifique à l'architecture, mais vaut pour toute production de signification dans n'importe quel domaine signifiant : la notion d'*échelle* correspond à l'*interprétant* dans le processus sémiotique général décrit par Peirce. Voulant définir la spécificité de l'architecture, Ph. Boudon rejoint la généralité de la semiosis ! Il n'a pas réalisé, nous semble-t-il, son projet de départ, mais sa théorie y gagne en efficacité. Car une théorie élaborée *ad hoc*, pour une application limitée, présente peu d'intérêt :

> Si vous voulez obtenir une théorie qui est applicable, vous devez en développer une qui est indépendante de ses applications. On a observé que les principes les plus pratiques sont aussi les plus abstraits (J.K. Feibleman, in P. Wiener, F. Young, eds, 1952, p. 329).

Curieusement, lorsque Ph. Boudon tente de synthétiser, dans un cadre sémiotique, ses analyses en termes d'échelles, il utilise un *schéma binaire*, d'origine saussurienne (les notions de dénotation et de connotation, d'après L. Hjelmslev et R. Barthes), alors que toute sa réflexion préalable met en relation trois termes, trois types d'espaces qui s'inscrivent aisément sur le *schéma triadique* peircien (où R = representamen, O = objet, I = interprétant) :

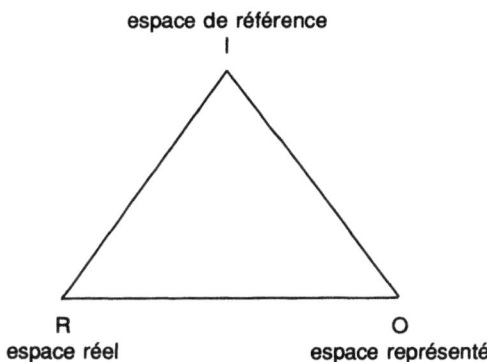

Considérons quelques exemples de perception architecturale, faisant appel à différentes types d'échelles recensés par Ph. Boudon :

1) Echelle cartographique

Nous sommes dans un lieu (= R, espace réel); nous cherchons à nous orienter dans ce lieu (= O, espace représenté); nous y parvenons à l'aide d'une carte (= espace de référence).

2) Echelle de modèle

Les habitations construites par Le Corbusier à Pessac (= R, espace réel) sont désignées par les gens de l'endroit comme le «quartier marocain» (= O, espace représenté), en référence aux habitations arabes (= espace de référence).

3) Echelle de voisinage

Soit un bâtiment X (= R, espace réel); nous nous faisons une image de ce X (= O, espace représenté) par référence aux bâtiments voisins Y (= espace de référence).

4) Echelle fonctionnelle

Soit une cabane (= R, espace réel); nous pensons que c'est une niche (= O, espace représenté), car nous la mettons en rapport avec un chien (= espace de référence).

L'*interprétant* n'est pas l'espace de référence, mais bien l'*échelle*, c'est-à-dire, suivant la définition de Ph. Boudon, la *modalité* selon laquelle un espace de référence est utilisé dans la conception ou la perception d'un espace réel. Reprenons donc les exemples ci-dessus :

1) La modalité selon laquelle la carte est utilisée dans la perception de l'espace réel est le rapport constant, par exemple : 1 cm = 1 km. Ce rapport est un trait pertinent commun à l'espace réel et à l'espace de référence.

2) Les habitations à Pessac (espace réel) et les habitations arabes (espace de référence) ont un trait commun reconnu par l'interprète comme pertinent : leur toit plat.

3) C'est également un trait pertinent commun (par exemple, la même hauteur, ou une ornementation de façade) qui permet de se représenter le bâtiment X par référence aux bâtiments voisins Y.

4) La taille est le trait pertinent commun à la niche (espace réel) et au chien (espace de référence).

Dans ces exemples, la *modalité* du rapport entre l'espace réel et l'espace de référence est la *reconnaissance d'un trait pertinent commun*, ce qui correspond à l'*interprétant rhématique* chez Peirce.

Mais la plupart des cas envisagés par Ph. Boudon correspondent à des interprétants plus complexes. Considérons par exemple l'échelle économique :

> Toute architecture coûte une certaine somme d'argent, mais si l'architecte se propose pour faire des économies de chauffage, de réduire le linéaire de façade par lequel s'effectuent les déperditions calorifiques, alors il y a plus que la présence passive d'une référence économique, il y a utilisation de l'espace de référence économique comme échelle de conception (Ph. Boudon, 1978, p. 11).

Dans cet exemple, *le representamen ou l'espace réel* = tel bâtiment avec un linéaire de façade réduit; *l'objet ou l'espace représenté* = un bâtiment conçu avec la volonté de réduire les pertes de chaleur; *l'interprétant ou l'échelle* = un argument qui applique la règle : «Quand le linéaire de façade est réduit, il y a moins de perte de chaleur». Quel est, dans ce cas, *l'espace de référence?* Sans doute un bagage de connaissance à propos des techniques constructives. Mais alors l'échelle dite «économique» et l'échelle dite «technique» se recoupent...

Beaucoup de problèmes surgissent lorsqu'on considère la liste des 20 types d'échelles. Pourquoi ces 20 types plutôt que d'autres? Pourquoi distinguer une échelle symbolique formelle et une échelle symbolique dimensionnelle, et non pas une échelle symbolique des couleurs ou des matériaux? Pourquoi ne pas recenser, par exemple, une échelle «urbanistique»? etc. La liste des 20 types d'échelles ne nous semble pas satisfaisante. Ce qui est intéressant, ce n'est d'ailleurs pas d'essayer d'établir une liste, mais d'étudier comment, au cours de la conception ou de l'interprétation d'une œuvre architecturale — ou de tout autre domaine signifiant — le créateur ou l'interprète glisse d'une référence à l'autre, et comment ces références se contredisent ou se renforcent mutuellement et s'organisent hiérarchiquement.

En conclusion, la définition du concept d'échelle donnée par Ph. Boudon — comme modalité d'utilisation des références dans la conception ou la perception — nous apparaît tout à fait pertinente, non pas parce qu'elle serait spécifique à l'architecture, mais parce qu'elle nous introduit dans la dynamique générale de la *semiosis illimitée*. Une architecture prend sens, d'après Ph. Boudon, par l'espace de référence avec lequel on la met en rapport : c'est l'*échelle*. Le sens d'un signe, dit Peirce, est le signe dans lequel il peut être traduit : c'est l'*interprétant*.

*
* *

Les exemples que nous venons de donner montrent la fécondité de la théorie peircienne. Certes, celle-ci a été souvent réduite à une classification des signes : classification rudimentaire, qui ne retient qu'une seule trichotomie (icône, indice, symbole), ou classification extrêmement raffinée, comme dans les recherches de R. Marty (1980). Or, l'intérêt principal de la sémiotique peircienne ne réside pas, à notre avis, dans une taxinomie des signes[3], mais bien dans une conception *pragmatique* de *l'interprétation*. Un rapprochement intéressant a été fait entre la démarche abductive du sémioticien et l'art de l'enquête du détective Sherlock Holmes[4]!

A la différence des théories sémiotiques issues de la linguistique structurale et de la sémantique formelle, la théorie de Peirce ne tente pas d'analyser un objet signifiant comme un système clos, extérieur à l'interprète, mais elle aborde simultanément le signe et son contexte d'interprétation, au point de définir la signification comme *l'action du signe* sur l'interprète.

L'action du signe entraîne l'interprète dans un processus dynamique, dans une chaîne de significations toujours déjà commencée et jamais terminée...

NOTES

[1] Une analyse plus complète de l'album *Petit-Bleu et Petit-Jaune* se trouve dans N. Everaert-Desmedt, 1989a. Nous avons également étudié, à l'aide des catégories de Peirce, un autre album pour enfants : *Arp, Pépin géant* (S. Curtil, Paris, Centre G. Pompidou, 1987); cette analyse se trouve dans N. Everaert-Desmedt, 1990.
[2] Nous reprenons ici un extrait de N. Everaert-Desmedt, 1989b.
[3] F. Thürlemann (in H. Parret et H.G. Ruprecht eds., 1985) affirme que «le modèle de Peirce est essentiellement une typologie des signes», et est donc incapable d'envisager le «mode de signification immédiat ou physionomique». Or, Peirce a décrit, avec beaucoup de pénétration, ce type d'appréhension du donné sensible, de l'ordre de la «priméité».
[4] Cf. U. Eco et Th.A. Sebeok eds., 1983.

Bibliographie

Nous ne reprenons ici que les ouvrages cités au cours de notre étude. Pour une bibliographie complète concernant Ch.S. Peirce, on consultera :

KETNER K.L., 1986, *A comprehensive bibliography of the published works of Charles Sanders Peirce with a bibliography of secondary studies*, second edition, revisited, Institute for Studies in Pragmaticism, Lublock, Texas, Texas Tech University.

ALQUIE F., 1979, *La conscience affective*, Paris, Vrin.
AUSTIN J.L., 1970, *Quand dire, c'est faire*, Paris, Seuil.
BAR-HILLEL Y., 1953, *A quasi-arithmetical notation for syntactic description*, in *Language*, n° 29.
BARTHES R., 1964a, *Eléments de sémiologie*, in *Communications*, n° 4.
—, 1964b, *Rhétorique de l'image*, in *Communications*, n° 4.
—, 1967, *Système de la mode*, Paris, Seuil.
—, 1973, *Le plaisir du texte*, Paris, Seuil.
BERTIN J., 1967, *Sémiologie graphique*, Paris, Gauthier-Villars/Mouton.
BERTRAND M., 1986, *La sémiose affranchie*, in *Revue des Sciences humaines*, n° 201.
BLANCHE R., 1970, *La logique et son histoire. D'Aristote à Russel*, Paris, Armand Colin.
BOUDON Ph., 1971, *Sur l'espace architectural*, Paris, Dunod.
—, 1976, *Intégration et architecture*, Paris, AREA.
—, 1978, *Richelieu, ville nouvelle*, Paris, Dunod.
BUYSSENS E., 1943, *Les langues et le discours*, Bruxelles, Office de Publicité.
CALVET de MAGALHAES Th., 1981, *Signe ou symbole*, Louvain-la-Neuve, Cabay.
CARNAP R., 1967, *The logical structure of the world*, London, Touthledge & Kegan.
CASSIRER E., 1972, *La philosophie des formes symboliques* (tome 1, *Le langage*), Paris, Minuit.
—, 1975, *Essai sur l'homme*, Paris, Minuit.
CHAUVIRE Ch., 1979, *Pragmatisme et nécessité logique*, in *Revue de métaphysique et de morale*, n° 4.
—, 1981a, *Vérifier ou falsifier : de Peirce à Popper*, in *Les études philosophiques*, juillet-septembre.

—, 1981b, *Peirce, Popper et l'abduction*, in *Revue philosophique de la France et de l'Etranger*, n° 4.
—, 1984, *Le «pragmatic turn» de Ch.S. Peirce*, in *Critique*, n° 449.
CHENU J., 1984, *Peirce. Textes anticartésiens. Présentation et traduction*, Paris, Aubier.
DELEDALLE G., 1974, *Qu'est-ce qu'un signe?*, in *Semiotica*, X, 4.
—, 1978, *Charles S. Peirce. Ecrits sur le signe, rassemblés, traduits et commentés*, Paris, Seuil.
—, 1979, *Théorie et pratique du signe*, Paris, Payot.
DELEUZE G., 1981, *Peindre le cri*, in *Critique*, n° 408.
—, 1983, *Cinéma 1. L'image-mouvement*, Paris, Minuit.
—, 1985, *Cinéma 2. L'image-temps*, Paris, Minuit.
DELZANT A., 1978, *La communication de Dieu*, Paris, Cerf.
DE MARINIS M., 1986, *Emotion et interprétation dans l'expérience du spectateur au théâtre (contre quelques mythologies postmodernes)*, in HELBO A., 1986.
DREYFUSS H., s.d., *Symbol Sourcebook. An Authoritative Guide to International Graphic Symbols*, Mc Graw-Hill Book Company.
DURAS M., 1958, rééd. 1985, *Moderato Cantabile*, Paris, Minuit.
—, 1987, *Emily L.*, Paris, Minuit.
ECO U., 1978, *Pour une reformulation du concept de signe iconique*, in *Communications*, n° 29.
—, 1984, *Semiotica e filosofia del linguaggio*, Torino, Einaudi.
ECO U., SEBEOK Th.A. eds., 1983, *Il segno dei tre. Holmes, Dupin, Peirce*, Milano, Bompiani.
EVERAERT G., 1988, *Système de la détermination nominale en français*, Thèse de doctorat, Université catholique de Louvain.
EVERAERT-DESMEDT N., 1984, *La communication publicitaire. Etude sémio-pragmatique*, Louvain-la-Neuve, Cabay.
—, 1985, *Sémiotique de la publicité : quelques repères*, in *Degrés*, n° 44.
—, 1988, *Sémiotique du récit*, 2ᵉ éd., Bruxelles, De Boeck.
—, 1989a, *Une expérience artistique : la lecture d'un album pour enfants*, in *Actes du 9ᵉ Colloque d'Albi*, Université de Toulouse-le-Mirail.
—, 1989b, *How to read façades*, in *Semiotische Berichte*, n° 13 (2, 3).
—, 1990, *Lecture d'une sculpture : Arp, Pépin Géant*, in *Actes du 10ᵉ Colloque d'Albi*, Université de Toulouse-le-Mirail.
FAUCONNIER G., 1984, *Y a-t-il un niveau linguistique de représentation logique?*, in *Communications*, n° 40.
FEIBLEMAN J.K., 1952, *On the future of some of Peirce's ideas*, in WIENER P., YOUNG F. eds.
FLOCH J.-M., 1985, *Petites mythologies de l'œil et de l'esprit*, Paris, Hadès-Benjamins.
FREGE G., 1971, *Ecrits logiques et philosophiques*, Paris, Seuil.
GREIMAS A.J., 1966, *Sémantique structurale*, Paris, Seuil.
—, 1970, *Du sens*, Paris, Seuil.
GREIMAS A.J., COURTES J., 1979 et 1985, *Sémiotique. Dictionnaire raisonné de la théorie du langage*, 2 vol., Paris, Hachette.
HELBO A. (Ed.), 1986, *Approches de l'opéra*, Paris, Didier Erudition.
HELBO A., JOHANSEN J.D., PAVIS P., UBERSFELD, A., 1987, *Théâtre. Modes d'approche*, Bruxelles, Labor.
HEMPEL C.G., 1972, *Eléments d'épistémologie*, Paris, A. Colin.
HJELMSLEV L., 1968, *Prolégomènes à une théorie du langage*, Paris, Minuit.
—, 1971, *Essais linguistiques*, Paris, Minuit.
JACQUES F., 1979, *Dialogiques. Recherches logiques sur le dialogue*, Paris, P.U.F.
—, 1985, *L'espace logique de l'interlocution*, Paris, P.U.F.
JAKOBSON R., 1963, *Essais de linguistique générale*, Paris, Minuit.
JENCKS Ch., 1978, *The language of Post-modern Architecture*, London, Academy Editions.
KANT E., 1968, *Critique de la faculté de juger*, Paris, Vrin.
KERBRAT-ORECCHIONI C., 1977, *La connotation*, Presses Universitaires de Lyon.
KUHN Th.S., 1972, *La structure des révolutions scientifiques*, Paris, Flammarion.
LEVI-STRAUSS Cl., 1958, *Anthropologie structurale*, Plon.

Lewis D., 1972, *General Semantics*, in Davidson D., Harman G. (eds), *Semantics of Natural Language*, Dordrecht, Reidel.
Lyons J., 1978, *Eléments de sémantique*, Larousse.
Lyotard J.F., 1971, *Discours, figure*, Klincksieck.
Martin R., 1987, *Langage et croyance*, Bruxelles, Mardaga.
Marty R., 1980, *La sémiotique phanéroscopique de Ch.S. Peirce*, in *Langages*, n° 58.
Meyer M., 1979, *Découverte et justification en science*, Paris, Klincksieck.
Michaud E., 1978, *Théâtre au Bauhaus*, Lausanne, L'âge d'homme.
Monod J., 1972, *La science, valeur suprême de l'homme*, in Collectif, *Epistémologie et marxisme*, Paris, UGE, 10/18.
Morris Ch., 1938, *Foundations of the Theory of Signs*, in *International Encyclopedia of United Science*, Vol. 1, n° 2.
Mounin G., 1970, *Introduction à la sémiologie*, Paris, Minuit.
Nef F., 1984, *L'analyse logique des langues naturelles*, Paris, Ed. du CNRS.
Parret H., Ruprecht H.G. eds., 1985, *Exigences et perspectives de la sémiotique. Recueil d'hommages pour A.J. Greimas*, Amsterdam, J. Benjamins.
Partee B.H., 1975, *Montague Grammar and Transformatinnal Grammar*, in *Linguistic Inquiry*, vol. VI.
Pasolini P.P., 1976, *L'expérience hérétique*, Paris, Payot.
Peirce Ch.S., 1931-1935, *Collected Papers*, vol. 1 à 6, Cambridge, Massachusetts, Harvard University Press.
—, 1958, *Collected Papers*, vol. 7 et 8, Cambridge, Massachusetts, Harvard University Press.
—, 1978, *Ecrits sur le Signe*, Paris, Seuil.
—, 1984, *Textes anticartésiens*, Paris, Aubier.
Peninou G., 1972, *Intelligence de la publicité. Etude sémiotique*, Paris, R. Laffont.
Popper K.R., 1973, *La logique de la découverte scientifique*, Paris, Payot.
—, 1978, *La connaissance objective*, Bruxelles, Complexe.
Porcher L., 1976, *Introduction à une sémiotique des images*, Paris, Didier.
Prieto L., 1972, *Messages et signaux*, Paris, P.U.F.
—, 1975, *Pertinence et Pratique*, Paris, Minuit.
Proni G., 1981, *L'abduzione in Peirce*, in *Versus*, n° 28.
Propp V., 1965, *Morphologie du conte*, Paris, Seuil.
Roques G., 1983, *Ceci n'est pas un Magritte. Essai sur Magritte et la publicité*, Paris, Flammarion.
de Saussure F., 1967, *Cours de linguistique générale*, Paris, Payot.
Savan D., 1980, *La sémiotique de Ch.S. Peirce*, in *Langages*, n° 58.
Semmelweis I.Ph., 1977, *Come lavora uno scienziato*, Roma, Armando.
Schlemmer O., 1978, *Théâtre et abstraction*, Lausanne, L'âge d'homme.
Searle J., 1972, *Les actes de langage*, Paris, Hermann.
—, 1975, *Sens et expression*, Paris, Minuit.
Schaeffer J.M., 1987, *L'image précaire. Du dispositif photographique*, Paris, Seuil.
Soris F., 1968, *Se sensibiliser aux formes architecturales*, Tournai, Cahiers d'Architecture de l'I.S.A. Saint-Luc.
Thibaud P., 1983, *La notion peircéenne d'interprétant*, in *Dialectica*, vol. 37, n° 1.
—, 1986, *La notion peircéenne d'objet d'un signe*, in *Dialectica*, vol. 40, n° 1.
Thom R., 1979, *L'espace et les signes*, in *Semiotica*, n° 29, 3-4.
Thurlemann F., 1982, *Paul Klee. Analyse sémiotique de trois peintures*, Lausanne, l'âge d'homme.
—, 1985, *Le mode de signification «immédiat» ou physionomique*, in Parret H., Ruprecht H.G., eds.
Urbain J.-D., 1978, *La société de conservation. Etude sémiologique des cimetières d'Occident*, Paris, Payot.
Venturi R., Scott Brown D., Izenour St., 1978, *L'enseignement de Las Vegas ou le symbolisme oublié de la forme architecturale*, Bruxelles, Mardaga.
Weiss P., 1934, *Charles Sanders Peirce*, in *Dictionary of American Biography*, vol. XIV, New York, Scribnes.
Wiener P., Young F. eds, 1952, *Studies in the Philosophy of Ch.S. Peirce*, Harvard University Press, Cambridge, Massachusetts.

Index

Abduction, 79-81, 83-91, 96, 98-99
Argument, 79-91
Artistique
   expérience, 110-113

Binarisme, 26

Catégories, 31-37, 91-93
   hiérarchie des, 65-66, 71, 93-94
Code, 106-107
   transgression de, 107-109
Communication, 13-14, 91
Connotation, 14-15

Déduction, 79-82
Dicent, *voir dicisigne*
Dicisigne, 75-79

Echelle, 137-141
Enonciation, 11-12, 16, 18
Extension, 21-22

Fondement, 43
Formalisation, 23
Forme
   de l'expression, du contenu, 15-16

Graphe, 55-56, 59

Habitude, 42-43
Heuristique, 59-61
Hypothético-déductif, *voir Abduction*

Icône, 53-59, 67-68, 72, 73
Image, 55, 58
Imaginaire, 103-109
Indice, 61-65, 66-68, 72-74
Induction, 80-83
Intension, 21-22
Interprétant, 27, 40-43, 69
Interprétation, 40, 94-100

Légisigne, 51-52, 57-59, 61, 63, 65-67, 73-74, 76-79

Métaphore, 56-57, 59
Monde possible, 21-22

Objet, 40, 52
   dynamique, 43-48, 54-55
   immédiat, 43-48, 54-55
Ostension, 46

Pensée, 42, 45
Phanéroscopie, 31-33
Pragmaticisme (pragmatisme),
   pragmatique, 27-29
Priméité, 33-34, 48, 52-53, 69-71, 91-92
Proposition, 77-79

Qualisigne, 48-51, 53-54, 60, 62, 72

Réel, 45-46, 103-109
Référent, 17-19, 45-46, 64-65
Réplique, 51-52, 66-67

Representamen, 39, 48, 53, 62, 65
Rhème, 69-74

Secondéité, 35, 48, 69, 75, 91-92
Sémantique, 17-23
Sémiologie, 12-15
Semiosis, 27, 39
Sémiotique, 10, 11-12, 24-29
Signe, 25, 39
Sinsigne, 51, 54-55, 60-61, 62, 72-73, 76
Social, 68-69

Structural (linguistique), 12-13
Syllogisme, 80-81
Symbole, 65-69, 74, 77-79
Symbolisme, 103-109
Syntaxe, 20-29

Tiercéité, 35-37, 65, 79, 91-92
Triadisme (triadique), 26-27, 31-33, 39-40, 116-119
Trichotomie, 48, 52, 69, 92-93

Sources iconographiques :

p. 57 : reproduced from *Language of post-modern architecture* by Charles Jencks, copyright Academy Editions, London.
pp. 98-99 : reproduit avec l'autorisation des Editions Casterman.

Table des Matières

Charles Sanders Peirce : Notice bibliographique 7

Introduction 9

Chapitre 1 : Panorama des recherches sémiotiques 11

1. FERDINAND DE SAUSSURE (1857-1913) 12
    1.1. *LA SEMIOLOGIE DE LA COMMUNICATION* 13
    1.2. *LA SEMIOLOGIE DE LA SIGNIFICATION* 14
    1.3. *LA SEMIOTIQUE NARRATIVE* 15
    CONCLUSION 16
2. GOTTLOB FREGE (1848-1925) 17
    2.1. *LES THESES FONDATRICES* 18
    2.2. *DEVELOPPEMENT DES CONCEPTS FONDAMENTAUX* 20
    2.3. *CRITIQUES* 23
3. CHARLES SANDERS PEIRCE (1839-1914) 23
    3.1. *UNE SEMIOTIQUE GENERALE* 24
    3.2. *UNE SEMIOTIQUE TRIADIQUE* 26
    3.3. *UNE SEMIOTIQUE PRAGMATIQUE* 27
    CONCLUSION 29

Chapitre 2 : Les trois catégories philosophiques 31
1. LA PHANEROSCOPIE 31
   1.1. *LA PRIMEITE* 33
   1.2. *LA SECONDEITE* 35
   1.3. *LA TIERCEITE* 35
2. D'UNE CATEGORIE A L'AUTRE : LE VEGETAL, L'ANIMAL ET L'HOMME 36

Chapitre 3 : Le processus sémiotique 39
1. UN PROCESSUS TRIADIQUE 39
2. UN PROCESSUS ILLIMITE 40
3. L'OBJET IMMEDIAT ET L'OBJET DYNAMIQUE 43
4. UNE ARTICULATION TRICHOTOMIQUE 48
   4.1. *LA TRICHOTOMIE DU REPRESENTAMEN* 48
         4.1.1. LE QUALISIGNE 48
         4.1.2. LE SINSIGNE 51
         4.1.3. LE LEGISIGNE 51
   4.2. *LA TRICHOTOMIE DE L'OBJET* 52
         4.2.1. L'ICONE 53
             4.2.1.1. La similarité de la priméité 53
             4.2.1.2. Le representamen d'une icône 53
                 4.2.1.2.1. *Le qualisigne iconique* 53
                 4.2.1.2.2. *Le sinsigne iconique* 54
                 4.2.1.2.3. *Le légisigne iconique* 57
             4.2.1.3. Le pouvoir heuristique d'une icône 59
         4.2.2. L'INDICE 61
             4.2.2.1. La contiguïté de la secondéité 61
             4.2.2.2. Le representamen d'un indice 62
             4.2.2.3. La fonction référentielle de l'indice 64
         4.2.3. LE SYMBOLE 65
             4.2.3.1. La règle de la tiercéité 65
             4.2.3.2. Le representamen d'un symbole 65
             4.2.3.3. La raison sociale du symbole 68
   4.3. *LA TRICHOTOMIE DE L'INTERPRETANT* 69
         4.3.1. LE RHEME 69
             4.3.1.1. La possibilité de la priméité 69
             4.3.1.2. Les signes rhématiques 71
         4.3.2. LE DICISIGNE 75
             4.3.2.1. La réalité de la secondéité 75
             4.3.2.2. Les signes dicent 75

4.3.3. L'ARGUMENT	79
4.3.3.1. La signification de la tiercéité	79
4.3.3.2. Les signes argumentaux	79
4.3.3.3. Arguments et syllogismes	80
4.3.3.4. Les arguments comme interprétants	81
4.3.3.4.1. *La déduction*	82
4.3.3.4.2. *L'induction*	82
4.3.3.4.3. *L'abduction*	83
5. SYNTHESE : LES CATEGORIES DANS LE PROCESSUS SEMIOTIQUE	91
5.1. *CONSTANCE DES CATEGORIES*	91
5.2. *HIERARCHIE DES CATEGORIES*	93
5.3. *UN EXEMPLE D'INTERPRETATION*	94
Chapitre 4 : Symbolisme, réel, imaginaire	103
1. DIVERSES CONCEPTIONS DU SYMBOLISME ET DE L'IMAGINAIRE	103
2. LE SYMBOLISME ET LA DISTINCTION ENTRE LE REEL ET L'IMAGINAIRE	104
3. LE SYMBOLISME ET LA CONNAISSANCE DU REEL	106
4. LE SYMBOLISME ET L'IMAGINAIRE : UNE NOUVELLE CONNAISSANCE DU REEL	107
5. L'EXPERIENCE ARTISTIQUE	110
6. UN EXEMPLE : LE THEATRE D'OSKAR SCHLEMMER	113
Conclusion	121
1. LA LECTURE D'UN ALBUM POUR ENFANTS	122
2. L'INTERPRETATION DES FAÇADES	133
3. ECHELLE ET INTERPRETANT	137
Bibliographie	143
Index	147

PHILOSOPHIE ET LANGAGE
Collection publiée sous la direction de MICHEL MEYER

Ouvrages déjà parus dans la même collection :

ANSCOMBRE / DUCROT : L'argumentation dans la langue.
AUROUX : Histoire des idées linguistiques. T. 1.
BESSIERE : Dire le littéraire.
BORILLO : Information pour les sciences de l'homme.
CASEBEER : Hermann Hesse.
COMETTI : Musil.
DOMINICY : La naissance de la grammaire moderne.
GELVEN : Etre et temps de Heidegger.
HAARSCHER : La raison du plus fort.
HEYNDELS : La pensée fragmentée.
ISER : L'acte de lecture.
JACOB : Anthropologie du langage.
KIBEDI-VARGA : Discours, récit, image.
KREMER-MARIETTI : Les racines philosophiques de la science moderne.
LARUELLE : Philosophie et non-philosophie.
LATRAVERSE : La pragmatique.
LAUDAN : Dynamique de la science.
MAINGUENEAU : Genèse du discours.
MARTIN : Langage et croyance.
MEYER : De la problématologie.
MOUREY : Borges, vérité et univers fictionnels.
PARRET : Les passions.
SHERIDAN : Discours, sexualité et pouvoir (Michel Foucault).
STUART MILL : Système de logique.
VANDERVEKEN : Les actes de discours.
VERNANT : Introduction à la philosophie de la logique.
ADAM : Eléments de linguistique textuelle.

A paraître :

CARRILHO : Pour une nouvelle rationalité.
EVERAERT-DESMEDT : Le Processus interprétatif - Introduction à la sémiotique de Ch. S. Peirce.
HINTIKKA : Penser Wittgenstein.
MAYALI : Norme et consensus.
MEYER : Langage et littérature.
MEYER/PLANTIN : Argumentation et signification.
PARRET : La communauté en paroles.
PLANTIN : Argumentation et communication.
ROSEN : Philosophie et crise des valeurs contemporaines.
STOCKINGER : Le contrat.
TAHA : Logique naturelle et argumentation.
VIDIK / BAUER-BERNET : Intelligence artificielle.